美の宿るところ

藤原美智子

Contents

ブックデザイン　山本知香子
帯写真　神戸健太郎
カバー・扉写真　藤原美智子

1

美は〝生き生きとした瞳〟に宿る

大人しい印象の人がキラキラした女性に変わるとき

「どんな女性を美しいと思いますか？」という質問を取材で受けることが多い。その都度《つど》、熟考してみるのだが、結局は「生き生きとした女性です」と答えるのが私の常である。それはヘア・メイクアップアーティストとして三十五年、多くの女優やモデル、或《あ》るいは一般の女性の顔に触れていくうちに、そう確信するようになったからだ。生き生きとしたマインドがあるからこそ女性は輝くのだし、美しくなれるのだ、と。

それを自分が最初に意識したのは二十代後半の頃だったろうか。ある新人の女優と仕事をした時のこと。〝大人しくて可愛い人〟という以外は特別な感慨もなく、その撮影は終了した。それからしばらくして、その女優の人気が上昇し始めた頃、当時、ディスコと呼ばれていたクラブでバッタリ出会った。その時の驚きは今でも忘れられない。大音響が鳴り響いている真っ暗な店内で、キラキラと光っている何かわからない物体がこちらに近づいてきたので、間近で眼を凝らしてみると輝きの正体は、なんと、あの女優だった。大袈裟《おおげさ》ではなく本当にＵＦＯでも現れたのかと思ったほど、彼女の周りだけがキラキラと輝いていたのだ。もちろん、彼女が電飾系のものを身につけていたわけでも、特に照明が当たっていたわけでもない。

何が彼女を輝かせているんだろう、どうして以前とこんなにも印象が変わったんだろう。挨拶を交わしながら彼女の全身に視線を走らせても、姿形自体は以前とそんなに変わってはいない。ということは、内面の変化以外には考えられない。たぶん、人気が出始めたことによって芽生えた自信が内面を生き生きと躍動させ、それがキラキラとした輝きとなって外側に現れているのだろう。いや、何かのきっかけで彼女に自信が生まれて内面が生き生きと輝きだしたからこそ、人気が出てきたのかもしれない。きっかけはどちらが先かはわからないが、いずれにしろ内面の変化が彼女の外見を大きく変えたことに間違いない。

その後、私は仕事を通してたくさんの、こうした輝きの現象に出会った。そして女性の美しさとは、良くも悪くも内面に左右されやすいものだということを知った。件《くだん》の女優のように輝き始める人もいれば、逆に、生き生きと輝いていた女優と久しぶりに会ったら、それはすっかり失《う》せてしまっている場合もあった。そんな時は、たいていが悩みを持っていたり、仕事に対して情熱が失せていたり上手《うま》くいっていなかったりなど、何かしらの原因を抱えているようだった。つまり女優やモデルのようにどんなに造作が整っている女性でも、美しさというのは内面次第でいくらでも現れたり消えたりするということなのだ。

それを裏付ける、わかりやすい例を挙げるとしたら次の事実だろうか。ヘア・メイクの立場からすると、そんなに顔の造作が整っていないと思うモデルが売れっ子になることは多々あるし、素晴らしく造作が整っていても売れないモデルもいるということだ。両者を思い浮かべ、比べてみると、その違いの源はハッキリしている。それは生き生きとしているかどうか。生き生きとした内面の状態の時には、必ず人を魅了するものが現れてくる。すると人気が出る。その自信がまた、よりその人を輝かせ、そして人気もさらに上がり魅力も増す――。〝生き生き〟は要因でもあり、結果でもあると言えるだろう。つまり〝メビウスの帯〟のようなものである。そして、この帯に入った瞬間に女性は一気に美しくなるし、この状態にいる間、女性はズーッと美しくいられるというわけである。

生まれながらの資質と年齢がシンクロするとき、魅力は全開に

これは何も特別な人だけでない。全ての女性の人生に一度は必ず訪れる現象だと私は確信している。思い出してみて欲しい。周りの女性に理由はわからないが急に魅力が出てきた、綺麗になったという人はいないだろうか。或いは、自分自身のこととなると客観視しにくいと思うが、今までの人生の中で何故《なぜ》かわからないが急にモテだしたという時期はなかっただろうか。こうした美しさと人を魅了する現象が起こる時期は、それぞれ人によって違う。十代の時の人もいれば、二十代や三十代、あるいはもっと年齢を経てからの人もいる。生まれながらに持っているその人の資質と年齢がピッタリとシンクロする時、自然現象として魅力がマックスになるようなのだ。例えば大人っぽい顔立ちの女性

が、それに最も合う年齢を迎えた時に魅力は華開くと言えばわかりやすいだろうか。ただし、これはあくまでも自然現象なので何ら努力しなければ、シンクロの時期を過ぎたらその輝きは消えてしまうことになる……。

その努力という項目にどんな事柄があるかと言うと、例えば自分の好みをキチンと把握した上で自分に似合うメイクやヘア、ファッションを研究する。或いは、自分を生かせるような仕事に就けるように努力するとか、勉学に励む、趣味を極める……。乱暴な言い方かもしれないが、要は努力の内容は何でもいいのだ。心が生き生きと動くようなことをしていれば自然に〝メビウスの帯〟の状態は続くのだから。とは言え、それが嫌々だったり、〝あの人に負けたくない〟という負の気持ちから発していたりするものでは〝魅力の帯〟ではなく、〝負のメビウスの帯〟になってしまう。そして、何をしてもなんだか上手くいかないという状況に陥ってしまう。たとえ、行動は同じでも、どんな気持ちでしているのか、つまり気持ちが生き生きとするような努力をすることが重要なポイントということである。

「責任ある人生」という目標が芽生えて、モヤモヤ期を抜け出せた

私事だが、自分の人生の中で〝あの頃は生き生きとしていなかった〟と、ハッキリと思い出される時期がある。それは三十二歳と三十八歳の頃。三十二歳の頃の写真には、モヤモヤとしていて生気のない様子の自分が写っている。仕事は順調で何の問題もないし、何かに縛られることなく自由に自分のしたいように人生を歩んでいると思っていた。でも、ある時、急に、この生き方のままでいいのだろうかという疑問と不安が浮かんだ。その途端、全てが中途半端で、味気なく、けっして根付くことのない根なし草のような人生に思えてきた。で

も、何をどうしたらいいのだろう……。

三十三歳の年の暮れまで、そんな溜《た》め息ばかりつきながら過ごしていたのだが、除夜の鐘を聞いている時に、フッと「責任ある人生」という言葉が浮かんだ。そして、そのためには自分の事務所を立ち上げることだと閃《ひらめ》いて、正月明けすぐに行動に移した。それ以来、私は〝悩む前に行動する〟体質となった。思い煩っていても何も解決しないし、何も得られない。まずは行動すること。そんな生き方にシフトしたように思う。こうして三十代前半のモヤモヤした状態から抜け出すことができた私は、生き生き感も少しは取り戻せたように思う。

三十八歳の頃は仕事が忙しすぎて心が疲弊し始めた時期だ。自ら進んで多くの仕事を引き受けているにもかかわらず、ワクワクしながらではなく、「どうして、私だけがこんなに忙しい思いをしなければいけないの！」と、心の余裕がなくなり、被害者意識に陥っていた。そんな精神状態の時は身体《からだ》も硬直してしまうものなのだろう。首は曲がらず、腰の痛みで朝なかなか起き上がることもできなくなっていた。そんな状態に危機感を覚えた私は四十歳の時に一念発起して、マッサージや整体に通ったり、自分でもストレッチをしたりして身体を改善する決意をした。その当時は一日、三時間もストレッチに時間を割《さ》いていただろうか。睡眠時間を削ってでも身体をほぐすことのほうが重要だと感じたからだ。

それから二年ほど経《た》ち、身体に柔らかさや軽やかさを感じ始めた頃、「あれっ？　そういえば最近、気持ちも楽になっている」と気づいた瞬間があった。いつの間にか、重く頑《かたく》なになっていた心が柔らかで軽やかなものに変わっていたのである。この日以来、私は身体が硬い状態に陥らないように気をつけている。何しろ、柔らかいほうが何をするにしても楽だし、ワクワク度も全然違うのだから。それならば、楽しいと感じられる心と身体のほうが断然良いに決まっている。整体通いやストレッチは今も続いていて、当時よりも、さらに身体も気持ちも軽くなっている。そんな私の目標は〝赤ちゃんの頃のような、柔らかな身体になること〟。そうなったら、どんな気持ちを味わえるんだろうという興味があるからだ。それを体験するまでは死ねないとまで思っている。

それにしても当時の写真を眺めると、この頃が今までの人生で一番老けていたように思う。もちろん今のほうがシワもたるみもある。が、それよりも生き生き感のないほうが老けるということを、私は過去の自分の写真から知った。想像してみて欲しい。生き生き感のない心の状態だと、どうなるだろうかと。まず、それはヤル気が出ない状態とも言えるだろう。そうすると女性の場合、メイクがいい加減になったり髪がボサボサになったり、ファッションがルーズになる可能性が一気に高くなる。これだけでも美しさは半減する。さらに、そんな精神状態の時は生活もルーズになりがちだ。掃除をするにしても四角い部屋を丸く掃いたり、物が部屋中に溢《あふ》れ出したり、食生活もいい加減になったり。こうなると、どんなに外見を繕っても、そうした生活のだらしなさは、その人の雰囲気に滲《にじ》み出るようになってくる。これが生き生き感が失せた結果である。

生き生き感を作るメイク術

さて、そんな状態から抜け出すのは難かしいかというと、そうでもない。ちょっとしたきっかけがあれば十分。例えば、メイクをした時に「あ、なかなか良いかも」と思える自分が鏡に映っていたら、どうなるだろう。髪もちゃんとスタイリングしたくなるかもしれないし、お洒落《しゃれ》もしたくなるかもしれない。このように一度火がついたヤル気というのは伝染していくものなのだ。例えば、一ヶ所を整理整頓し始めたら止まらなくなって、家中の整理整頓をしたという経験は誰にでもあるのではないだろうか。このように、ほんの少しのヤル気でも最終的にはその人の生き生き感を引き出す原動力になり得るのだ。だから私は生き生きの原動力は何でもいいと思うのである。

ところで、そうした生き生き感をメイクで作ることはできるだろうか。もちろん、ＹＥＳである。ポイントは上まぶたのまつ毛際。この部分さえキチンと押さえていれば生き生きとした印象の目元に、ひいてはそうした印象の顔にするのは簡単である。アイライナーを使って、上まぶたのまつ毛とまつ毛の間のすき間を埋めたり、内側にラインを引いたりして目元を引き締めること。アイライナーはその人の年齢や目の形やテクニックに合わせてペンシルやジェルライナー、ケーキライン、リキッドラインといったものから、どれか一つを選んだり二種類のライナーを組み合わせてもいいだろう。さらにマスカラを塗るとより生き生き感は強まる。

こうしてまつ毛の際を引き締めるようにラインを引くと、それまでボンヤリしていた瞳が急にピントが合ったかのようにハッキリとしたものになる。そしてスポットライトが当たったかのように瞳が生き生きと輝きだす。私はそんな瞳を見たくて仕事でも自分のメイクをする時でも、上まつ毛の際に時間をかける。何しろ、このように仕上げると人の視線を捉《とら》えて離さない強い瞳になるし、そうした視線を他人から向けられた女性には自信が芽生え、それが本物の生き生きとした瞳を作る。このようにメイクによって作り出された生き生き感が本物に変わるその瞬間、女性の美しさと魅力は躍動を始める——。やはり、私にとって美しさとは〝生き生きとしている〟、この一言に尽きる。そして、そこにこそ美しさと魅力の全てが詰まっていると思うのである。

2

美は〝素直さ〟に宿る

欲のない子供がアクティブな大人になった理由

私は自分がどんな子供時代を送ったのか、ぼんやりとしか覚えていない。わかりやすく言うと、「いつ、どこで、誰が、何をどうした」といった5W1H的な事実の詳細をあまり覚えていないのだ。だれかが「いくつの時、どこそこに行って、こういうことをした」などと、子供の頃のことを仔細《しさい》に話しているのを聞くと〝どうして、そんなにハッキリと覚えているんだろう〟と不思議に思うほどだ。もしかしたら、そのほうが普通のことなのかもしれないのだが。

もちろん自分が、お稽古事は好きだが〝あれもやってみたい、これもやってみたい〟と習い始める傍《そば》から飽きてしまうという性格の子供だったことはよく覚えている。それに、ピストルやチャンバラごっこなど男の子の遊びが好きだったということも。

それだけを聞くと積極的で活発な子供に思われるかもしれないし、当時周りの人にもそのように思われていたかもしれない。が、実際はあまり物事を深く考えないノホホーンとした性格の子供だった。だから、記憶が曖昧《あいまい》なのだろう。

そうした自分を的確に言い当てていたのが、小学生の頃の通信簿の通信欄に書かれていた先生の評価だ。それは「皆に好かれるのは良いことだが」という後に、必ず「欲がない」「もう少し、人に対してライバル意識を持つこと」というもの。もっと欲を出して、人に対抗意識を持って積極的になりなさいという助言である。つまりは、先生には私がノホホーンとした子供なのはバレバレだったということである。

でも、そんな通信欄を見るたびに、子供心に「どうして欲を持たなきゃいけないんだろう」「なんで人にライバル意識を持たなきゃいけないんだろう」と納得できない感情を強く抱《いだ》いたことはハッキリと覚えている。だから、この評価もハッキリと私の脳に刻み込まれているのだ。

そんな子供だった私が、今では「いつもアクティブですねー」などと言われるような大人になったのだから人生とはわからないものである。そして人は変わるものだとつくづく思う。思い出してみると確か、二十歳の頃も相変わらずの自分だった。変わっていったのは、ヘア・メイクアップアーティストのアシスタントに就いて一年半が過ぎた頃からだろうか。つまり仕事に慣れてきた頃から変わっていったのである。

まず日々の忙しさによって、曖昧だった表情からしっかりと焦点の定まった顔つきに変わっていった。動作や話し方にスピードが出てきた。アシスタントとしてやることがたくさんあるので、否応なしに脳が活発に動くようになり、身体もそれに追従して早く反応するようになったのだろう。それに毎日、今まで生きてきて初めてということばかり起きるので、それも脳の活性化に大いに役立ったに違いない。

二十代の〝しんどい〟時期を乗り越えられたのは素直だったから

二十代というのは多くの人にとって〝しんどい〟年代ではないかと思うのだが、それは日々、この〝人生において初めて〟が多く起こるからではないだろうか。

子供時代も人生において〝初めて〟のことだらけだが、大人になってからのそれはスケールが違う。人との関係において、社会との関わりにおいて子供時代のように〝井の中の蛙《かわず》〟でいても大丈夫というわけにはいかなくなる。ましてや、初めてのことが全て楽しいことばかりではない。大変だったり難しかったり、嫌だと思うようなことだったり。それなのに二十代はまだ経験が浅いゆえに、自分なりの処置の仕方がわかっていないし、身についてもいないない。だから大変なのだ。

それにしても、そんな自分の二十代を振り返った時に、感慨深く思うことがある。それは〝ノホホーン〟から〝キビキビ〟とした脳に変化したことで、やっと私の人生はスタートしたんだなーということだ。しかも助走がなく、いきなりのダッシュという感じだ。

そんな私ゆえ、メジャーリーガーになった田中将大選手や子供の時からぶれることなくフィギュアスケーターの道を突き進んでいる浅田真央選手を見るにつけ、「若いのにしっかりしていて、偉いなー」と、心の底から感心する。有名人でなくても、子供のうちから「将来は○○になりたい！」とハッキリとした願望を持っている子もいるし、その目標に向かって邁進《まいしん》している子もいる。

何の目標も考えもなくノホホーンとした子供時代を過ごして、二十歳過ぎて人生がスタートした自分と比べると本当に雲泥の差だ。

しかも私は、「これがしたい！」という想いからヘア・メイクアップアーティストという職業に就いたのではない。母が経営する美容室を継ぐことから逃れるためだった。「なんか、面白そう！」という直感が働いたことも大きな要因ではあるが、「仕事内容はよくわからないけど、美容師に近そうな職業のようだから、取りあえず親には反対されないだろう」と考えたのも、この仕事を選んだ動機だった。しかも、これが私にとっては自分の意志で自分の生き方を決めた初めてのことだったのである。もちろん、その時は、その後三十五年も続く仕事を選ぶ重要決定になるとは想像もしていなかったのだが。

そんな風にして就いた職業なのに、どうして二十代の〝しんどい〟時期を無事に乗り越え、辞めずに続けてこられたんだろう。よくよく考えても思い当たるのは、当時の私のただ一つの長所である〝素直さ〟しかない。

何もできないことだらけだから、当然、師匠に「それは駄目よ。こうしなさい」「これは、こういう風にするものなのよ」と一つ一つに駄目出しをされる。それに対して「なるほどー」「そうか！」と素直に聞けたことが幸いしたのだ。「えー、なんで⁉」とか「私はこうしたい！」などと、反抗心や自己顕示欲が強かったら続かなかったかもしれない。〝自分は何もわからないし、何もできない〟と、よく言えば謙虚になれる素直さがあったのが良いほうに転んだのだ。悪く言えば主体性がないということだろうか。でも長所と短所は裏表であることを、まだ把握もコントロールもできない年頃に、偶然にも長所として発揮できたのだからラッキーだったと言えるだろう。

もしかしたら子供の頃、通信簿に書かれていた「欲を出すこと」や「ライバル意識を持つこと」といった先生の意見に反発心を抱いたのは、〝そんなの自分らしくない！〟と子供ながらにも感じたからかもしれない。だから、素直に〝聞く耳〟を持てなかったのだろう。ということは良くも悪くも〝自分〟を貫いたのだから、案外、私は素直というよりも頑固者なのかもしれない。

「したいこと」は行動しないと見つからない

ところで最近、「自分が、何がしたいかわからない人や、何が好きなのかもわからない若い人が増えた」というようなことをよく耳にする。が、それは何も今の若者だけではない。私だって何がしたいのかがわからない若者だった。自分の一生のものとなる仕事とは偶然に出会えただけだ。

若いうちから自分が何をしたいかを知っている人は幸せだと思う。それだけ間違いなく人生を早く進めることができるし、若い頃の悩みが半減したも同然。

でも何かはわからなくても、それを求めてもがいている人も幸いだ。もがくということは、いろいろ考えたり体験をしたりして、いろいろな自分を知るということに繋《つな》がるのだから。

だいたい「何か」というのは、どんなに些細《ささい》なことでも行動しないことには見つからないものだ。考えてばかりいても、思い煩ってばかりいても見つかりはしない。例えば、〝散歩をする〟といったことでもいい。イメージしてみて欲しい。

――散歩中に、今まで見落としていたお店を発見したので何気なく入ったら、綺麗な刺繍《ししゅう》が施されている手作りの布製のバッグを見つけた。そう言えば、と思い出す。自分も昔は手芸が好きだったし得意だった、と。久しぶりに作ってみる気になり、でき上がったものをいろいろな友達にプレゼントしていたら評判となって徐々に、雑誌に取り上げられるようになっていった。そして、いつの間にか手芸アーティストとして仕事をするようになっていた――。

これはまったくの作り話なのだが、私は実人生というのも似たり寄ったりのような気がするのだ。頭の中で仔細にプランを立てても行動しなければ、人生というのは動いてはいかない。一つ行動すると他の何かに繋がり、そしてそれが思いがけないことに繋がり……というように、自分では想像できなかったことがどんどん人生に入り込んで膨らんで広がっていく。それが人生というものの実態のように思うのだ。もちろん、広げていくかどうかは、その人の意志と行動次第ではあるのだけれども。

だから最初の一歩は小さくてもいいと思うのだ。というか、最初から大きな一歩を踏み出せる人はそうはいないはず。その小さな一歩を広げていくうちに自分というものがわかってきたり、何が好きなのかがわかってきたり、何がしたいかがわかったりして物事が明確になっていく――。

私自身、そんな体験から、今では「悩む前に行動！」が普通になっている。もちろん、それは私が一切悩まないということではない。悩みながらも行動する、あるいは行動しながら悩むということだ。それが一番早く物事が解決するし、早く進めるし、そして得だということを人生のどこかで私は体験した。だから、そんな風に行動できる自分でいようと努力しているということである。

素直さで物事を吸収し、行動で自分のものにする

こんな風に今までの自分を振り返ると、そのキーワードは〝素直さ〟と〝行動〟だったんだなーと改めて思う。素直さによって物事を吸収して、行動することでそれを自分のものにできたり、〝自分〟というものを見つけることができたりして今に繋がっているのだから。

美の成り立ちも似たようなものかもしれない。

例えばヘアやメイク、ファッションについて〝このほうが似合うわよ〟などとアドヴァイスを受けた時に、素直に受け入れられたら自分で苦労するよりも早く確実に、似合うヘアやメイクを見つけられるしセンスも良くなる。もちろん実際に美容室に行ったりメイクの練習をしたり、コーディネイトをいろいろと試してみるというような行動力が伴わなければ当然、その素直さは美には繋がらない。つまり、素直さと行動力はセットで美にも必要不可欠ということである。

あるテレビ番組に出演した時のことを思い出す。それは視聴者にメイクを教えるという美容番組で、その回は四十代後半の女性をメイクすることとなった。その女性は顔立ちは整っているのだが、少し地味で華やかさに欠けるというような印象の人だった。本人もそのことを気にしていて、それを解決したくてもメイクは苦手だし、どんな風にしたらいいのかわからないということだった。その悩みが解消できるようなメイクを施したところ、私も本人もビックリするほど彼女は美しく変身した。

その一ヶ月後だったろうか。ある講演の仕事をした時のこと。その終了間際に客席から一人の女性が花束を抱えて私が立っているステージのほうに近づいてきた。〝美しくて、華のある人だな〟と思いながらよく見ると、なんとその女性は番組で私がメイクを教えた人だった。

彼女はそのメイクを完璧に習得して、さらにしっくりと自分のものにしていた。それは、本当に嬉《うれ》しい驚きだった。私が提案したメイクを彼女は素直に受け入れて一生懸命に練習してくれたのだ。そして、蛹《さなぎ》から蝶に変身したかのように美しく、女性らしい華やかさと自信でキラキラと輝いている女性になっていたのだ。

「素直さと行動力って、凄《すご》い！」と、その時、私はどれだけ感嘆したことか。吸収する力の源となる素直さと、それを具現化するための行動力があれば、美も生き方も自分の味方につけられるということを強く思いながら、にこやかに近づいてくる彼女を私は眺めていた。

まずは素直に受け入れてみよう、まずは悩む前に行動してみようという思考回路に私が至ったのは、こうしたいろいろな出来事からである。そしてスタートというのは人によってそれぞれ違うし、その人に必要な時にやってくるということも。だから私は、いくつになっても臆せず、このような思考回路で人生を紡いでいこうと思っているのである。

3

美は〃朝〃に宿る

夜型から朝型へは「案ずるより産むが易し」

私の朝は早い。だいたい五時に起きるが、時には四時半のこともある。とはいえ、私の友達には三時起床という人もいるので、絶対的に早いというわけではないかもしれないのだが。

早起きをするようになったのは十年前から。自然にこの時間帯に起きるようになったのではない。意図的に夜型から朝型に変えたのである。それまでは夜、撮影の仕事から帰ってきて、夕食を終えてから夜中まで原稿などの仕事をするという生活を送っていた。が、その頃、撮影が立て込んでいて、帰宅するとグッタリという日が続いていた。そんな夜に書いたものを翌朝チェックすると、自分でも嫌になるほど後ろ向きの内容に仕上がっていることがほとんどだった。それも、そうだ。〝あーぁ、疲れたなー。嫌だなー〟と思いながら書いているのだから、当然だろう。プロの書き手ならそんなことはないかもしれないが、そうではない私の書くものには否が応でも、その時々の精神状態がハッキリと表れてしまうのだ。

結局、朝、書き直すことになる。そんなことを繰り返していた、ある朝、ハタと気がついたのだ。「二度手間になるのがわかってるんだったら、夜はサッサと寝て、朝、早起きして原稿書きをすればいいんだ！」と。

二十代の頃から就寝は夜中の二時過ぎで、睡眠時間は四、五時間という生活を送ってきた。家での仕事や家事、趣味、雑用も全て夜の時間帯にするので、どうしても眠るのはこの時間帯になる。そして朝必要なのは、出かける準備に必要な最小限の時間のみ。こんな風に朝の時間にはほとんど重きを置いていなかった私だったから、「夜型から朝型人間になろう！」と思いついたものの、〝ホントにできるの？　ホントにするの？〟と自分でも半信半疑だし、〝そうなったら生き方も変わっちゃうのかな……〟という漠然とした不安も心の隅をよぎった。日常を意識的に変える時は、誰でも希望と不安を覚えると思うのだが。

もちろん私はヘア・メイクという職業柄、美容のためには肌の新陳代謝を促す成長ホルモンが分泌される夜の十時から二時の間に就寝していることが大事、ということは知っている。そのためにモデルは早く寝て、睡眠時間も十分にとっていることも知っている。それでも私は実行したことはなかった。早く寝る習慣を身につけたいという願望はあったのだが、自分は夜型人間だと思い込んでいたし、忙しいから絶対に無理だと思っていた。それが、原稿書きが二度手間になるという窮地に陥ったことで、やっと習慣を変える気になったというわけである。

さて、思いついてしまったのだから、やるしかない。どうしたものかと、いろいろ思案したが、取りあえず三十分早く寝て、三十分早く起きるという無理のないレベルからスタートしてみることにした。これくらいなら今までの生活が大きく変わることはないだろうし、三十分なら簡単だと思ったのだ。が、はたして夜は目が冴えて寝られない。結果、朝は眠い。それでも無理やり起きて、日中はあくびばかりという日が十日も続いただろうか。それくらいの期間でも身体は新しい睡眠サイクルに慣れてくるようで、徐々にスッと寝られてスッと起きられるようになっていった。「無理かも～」と思っていた何十年の習慣も案外、簡単に変わっていくものである。〝案ずるより産むが易し〟とはこういうことを指すのだろう。

それからは、もう少し早く、もう少し早くと朝と夜の時間を徐々にずらしていった結果、現在の起床時間になったというわけである。夜はだいたい十時頃だが、時には九時に寝てしまうこともある。そして睡眠時間は七時間くらいとるようになった。昔の自分を思うと、信じられないほどの健康的な生活ぶりである。

朝は限られた時間ゆえに濃密に過ごせる

実は、こんな風に早寝早起きが日常になる以前、講演などで「将来の夢は何ですか?」と聞かれた時には、いつも「朝は日の出と共に起きて、夜は日の入りと共に寝るというシンプルで自然な生活ができる人になりたい」と、私は答えていた。でも、それは人間的にもっと欲がなくなってからでないと、もっと歳《とし》を経てからでないとできない〝いつかは〟のことであり、漠然とした夢だった。それが、いつの間にか〝シンプルで自然な生活〟はまだまだだとしても、早寝早起きの夢は現実になってきている。人間は良くも悪くも思っているほうへと、自然と流れていくものなのだろう。

さて、早く起きた朝の時間帯に何をしているかというと、やらなければいけないことと、やりたいこと全部である。私のやらなければいけないことは原稿書きや事務系の仕事、家事全般など。やりたいことはランニングやヨガや瞑想、語学の勉強、ガーデニングなどである。それらを全て一日の朝にやるわけではない。ヨガと瞑想、洗濯、原稿書きは毎朝するが、他は例えば、今朝はランニングと語学と掃き掃除。次の日の朝はガーデニングと拭き掃除をプラスするというように、無理のないように組み合わせている。

何しろ、朝の時間というのは夜のように無尽蔵にあるわけではない。私の場合、九時半に家を出ることが多いので、起床してから四時間半くらいが朝の時間となる。結構、使いでのあるまとまった時間だ。それにプラスして、家を出なければいけない時間が決まっているので、いやがうえにも集中力が出て時間は倍に伸びる。つまり、凝縮されて濃密になるのが朝の時間なのだ。

それに比べて夜は睡眠時間さえ削れば、いくらでも時間は伸びていく。が、その分、私の場合は濃密さが薄れていたように思う。時間の余裕があるせいか、原稿を書いていても資料用の本を読みふけりだしたり、いつのまにか違うことを考えてしまっていたりと集中していない時間も多かった。ボーッとしていると、時間はアッという間に過ぎていく。長くも短くも、濃くも薄くも、時間というものは使い方によって伸びたり縮んだりするものなのだ。

それに、私は締め切りがないと仕事をする気が湧《わ》かないし、集中できないタイプ。何日までとか、この時間までにと言われなければ、いつまでたってもやらないというか、やれないのだ。それに気づいたのは朝型に切り替えてから。もちろん、時間を気にしなくてもいい夜でないと、じっくりと仕事に集中できないという人もいると思うが、私のような性格には朝型のほうが合っているのに、それを知らないで何十年も夜型を続けていたというわけである。

朝型になって、夜くよくよ考えるのはやめた

朝型にして良かったことはたくさんある。第一に気持ちが良い。朝の空気がこんなにも気持ち良いなんて、早起きするのが当たり前だった子供の頃には気づかなかったことだ。ランニングやヨガや花の水やりなどをすると、さらに気持ち良さは倍増する。天気の良い朝は家事もルンルン気分でできる。脳も新鮮な状態のせいかスッキリとしていて、原稿も勉強も効率良くはかどる。それに、夜にはなかった爽やかな達成感と充実感がある。「朝から、こんなにいろんなことをこなした！」という達成感や、日常を丁寧に過ごしているという充実感を味わえるのだ。これこそが朝型の醍醐味《だいごみ》と言っていいだろう。

そして朝に重きを置く生活をするようになった分、夜がとてもシンプルにな

ったことも良かった点だ。仕事を終えて帰宅したら、夕食をとって、お風呂に入って、そして寝る。ただ、それだけ。もちろん、食事に出かけたり友達と会ったりする夜もあるが、深夜に及ぶことはめったにない。何しろ、十時を過ぎると眠くなって瞼《まぶた》がくっついてきてしまうのだから。

たとえ遅く寝たとしても、朝はいつもの時間に目が覚めてしまうので、その分、睡眠時間が減ることになる。もう短時間睡眠は辛《つら》い体質になっているので、「それだったら、夜遊びよりも早く寝たほうがいいや」ということになる。

また苦労しなくても食べすぎ、飲みすぎを回避できるようになったのも早寝になって良かった点だ。もう少し食べたいなと思っても、もうすぐ寝ちゃうからいいかと箸を置けるようになったし、夜が短いので、お酒の飲みすぎも以前とは比べものにならないほど減った。たまに時間がない分、急いで飲んでしまって気持ち悪くなるという失敗もするのだが。

夜、考え事をしなくなったのも良かったことの一つ。夜というのは考えだすと、どうしても考えすぎてしまう傾向があるし、悪い方向に思考が向かいがち。だから夜はサッサと寝てしまう。そして明るく前向きになれる朝に考える。そのほうが絶対にいい。これも朝型に切り替えてからわかった処世術である。だいたい空気が美味《おい》しくて心も頭も新鮮な朝に、ネガティブに考えることのほうが難しいというものだろう。

以上のような感じで、今の私にとっては夜よりも断然、朝のほうが重要な時間帯となった。極端なことを言うと「一日中、朝だったらいいのに」と思うほど朝が大好きな人になった。一方、その弊害というべきことも起きている。それは仕事が休みで午後も自由に使えるという日でも、朝にしか、やるべきこともやりたいこともできない心と体質になってしまったことだ。今、〝午後も朝と同じようにできるようになるためには〟と試行錯誤しているところである。

ようは、朝時間の新鮮な気分と充実感を一日持続できれば何の問題もないということなのだが……。

朝型になるとスッキリとした顔つきに

ところで、最近とみに朝型の人が増えてきているように感じる。そして出社前にランニングをしたり、英会話のレッスンに通ったりと朝の時間を有効に使っている人が増えているようだ。そうした朝型の、あの人、この人の顔を思い浮かべていた時に、ある共通項に気がついた。手前味噌にもなってしまうのだが、朝型人間の顔つきは皆、スッキリしているのだ。

その理由は、たぶん、こんなことだろう。まず朝型にするということは、時間的に夜の社交をある程度限定しなければならなくなる。ということは、ただなんとなくという付き合いはできなくなるし、しなくなる。大事に思う人と食事に出かけるので精一杯だし、ましてや飲みながらダラダラと会社や上司や友達の愚痴を言っている暇もなくなる。何しろ、夜は短いので貴重だし早く寝なければならないから、そんな不毛なことで時間をつぶす気にはならなくなるのだ。つまり、本当に自分が大事と思うことに時間を使うようになるのである。

こんな風に朝型になると自分が何をしたいのか、何に重点を置きたいのかがハッキリとするようになる。つまり、朝型は人生の〝断捨離《だんしゃり》〟をしているようなものだ。それがスッキリとした顔つきとして表れるのではないだろうか。

〝断捨離〟とは、要《い》らないものを片づけて自分にとって必要なものを選び取る整理術のこと。これはものだけでなく生き方にも関わる処世術と言えると思うが、朝型にも同じような作用があるのだ。〝なんとなく〟がなくなり、〝これをしたい〟〝これが大事〟という感じで、大袈裟かもしれないが生き方が明確になる。明確になるからシンプルにもなるのだ。

断捨離はものを減らすことで自分の大事なものがわかる。朝型は〝時間が限られる〟ことで自分の大事なものがわかる。断捨離がブームになったのも、朝型人間が増えてきたのも、私は今、人が何を求めているかの表れのように思う。自分にとって本当に大事なことは何だろう。大事にしたいものは何だろう。そうしたことを求める人が増えてきているということではないだろうか。その場、その瞬間の享楽に浸る楽しさではなく、または消費するだけの満足感ではなく、本当に自分の心が喜んだり満足したり、そして築き上げていく楽しさや満足感に価値を置く人が増えてきているように思うのだ。

これからの日本人に必要なことも、まさにそこにあるように思う。一つ一つ築き上げていくことを厭《いと》わず面倒くさがらず、人それぞれの〝大事〟にキチンと向き合って、前向きに一生懸命になること。それを楽しめるような心に調整すること。そうすれば、スッキリとした美しい顔つきの日本人が増える、いや、元々持っていたそうした日本人特有の美しさがまた蘇《よみがえ》ってくるに違いない。

私はそうした意味でも、〝朝〟が似合う美しい人が増えていくといいな、と思っている。

4

美は〝色〟に宿る

褒められて気づいた色の効果

「わっ、あの赤いコート、きれい！」

それはデパートのデザイナーズブランドのフロアの壁にディスプレーされていた、ビビッドな赤いレインコートだった。パッと見た瞬間、淀みのないクリーンな〝赤〟にキュッと心がつかまれた。力強く凛《りん》とした生命力のある赤、と言えばいいだろうか。その赤に一目惚れした私は即、コートを購入した。華やかな色の洋服に意識が向いたのは、自分が大人になってから初めてのことだったと思う。三十二歳の終わり頃のことである。

驚いたのは、そのコートを着ると「元気に見える！」「赤が似合いますね」などと、必ず人に褒められることだった。〝ただ着るだけで、こんなにも褒められるなんて〟と正直、ビックリした。そしてヘア・メイクという職業柄、自分は色にはこだわりがあるほうだと思っていたが、〝色の効果ってこういうことかー〟と改めて気づかされた。

モデルにメイクをする時、作りたいイメージに合わせてアイシャドウやチークク、口紅などの色を選ぶのだが、特にアイメイクは何色を組み合わせるかによって目元の印象はすごく変わる。例えば、ブラックとホワイトのように、まったく相反する色を組み合わせるとシャープな印象になる。ブラウンとベージュの組み合わせのように近しい色を組み合わせるとナチュラルな印象になる。

私は互いの色が引き立ち合うような色を組み合わせることが多い。相反しすぎるのでもなく、近しすぎるのでもない組み合わせと言えばいいだろうか。相反しすぎるとキックなったり派手になったりするし、〝メイクしている感〟が強く出てしまう。近しすぎると地味になるしメイク効果も弱まる。その中間の〝十分にしているけど、していないように見える〟というのが私の好きなメイクの仕上がり感であり、こうした色選びがアーティストとしての私の個性だと思っている。

黒ばかり着ていた二十代からの脱皮

ところで、件の赤いコートに出会うまでの私のクローゼットは、ほとんど黒で埋め尽くされていた。この黒好きはいつからだろうと思い返すと、それは仕事を始めた頃からであり、いくつかの要因があることに気がついた。一つは二十代の頃の私は童顔で、自分で言うのは少々憚《はばか》られるが、女の子っぽい甘い顔をしていたことだ。

私は二十一歳でヘア・メイクアップアーティストとしてデビューしたのだが、当時、撮影現場に行くとスタッフの誰よりも、時にはモデルよりも若いことが多々あった。その頃のモデルは、今の〝若くて親近感のあるモデル〟というよりも、大人で特別な存在感のある〝THE・モデル〟というような人たちがほとんど。そんなプロの大人たちの中に一人、ポツンと女の子のような私が交じっている絵を想像してみて欲しい。そう、つまり、私は自分をキリッと見せたくて、大人に見せたくて、アーティストという印象に見せたくて〝黒〟という色を選んだのである。

ホントに、この色は便利な色だ。この色の服を着れば取りあえず、少しはキリッとにも大人にも見える。それに、襟が詰まった女性性を封印しているようなデザインであればアーティストっぽくなる。そんな理由から、私の二十代の頃の定番の装いは黒のタートルのトップスに、黒の男の子っぽいデザインのパンツというものとなった。実際、この格好はヘア・メイクという仕事をするにはピッタリなのだ。何しろ黒なので化粧品や整髪料で服が汚れるのを気にしなくてもいいし、マニッシュなパンツルックは肉体労働でもある撮影現場にちょうど良いのである。

こうした二十代を過ごして、三十代に入った頃に件の赤いコートに出会った。自分が着たいからではなく、自分の長所をアピールするためでもなく、欠点を補うことが主要目的だった黒のスタイルからの脱皮、そんな時期だったのだろう。だから、黒と対極にあるような赤がパッと目に飛び込んできたのだと思う。

いや、それだけではない。その赤いコートを選んだ三十二歳の頃は〝仕事は順調だけれど、このままの生き方でいいのだろうか〟と、悶々《もんもん》とした日々を送っていた。そうした気持ちから脱皮したくなったことも、生命力を感じさせる赤に魅《ひ》かれた理由に違いない。今まで着たことがない赤――、新しい色を自分に取り込んでみたくなったのだ。

着る服の色と精神状態はリンクしている

そう言えば、今までの人生を振り返ると、自分の着る服の色とその時々の精神状態はリンクしていたように思う。例えば、赤に触発されるかのように元気になっていった私は、その二年後、事務所を作った。その頃は〝モスグリーン〟に傾倒していた。緑という色には安心や調和、落ち着きといった心理があるらしいが、確かにその頃、私は〝事務所の代表になったのだから、ちゃんとしなければ〟という気持ちでいた。「LA　DONNA」という事務所の名前のロゴの色もモスグリーンにして、名刺や便箋や封筒を作った。モスグリーンの手帳や服も購入した。私はこの色の〝落ち着き〟を求めて、纏《まと》っていたというわけである。

モスグリーンは男性にも女性にも合う色だと思うが、特に、女性が着ると〝フェミニンなマニッシュ〟という印象になる。そう考えると、二十代の頃の〝パキッとマニッシュ〟一辺倒から無理なく脱却するのに、ちょうどいい色を選んだものだと思う。この色が持つ少しのフェミニンさを身につけたことで、無理なく次のステージに移行できたのだから。

四十二歳頃にはピンクやパープルといった女の子っぽいものや、女らしいものも臆することなく取り入れられるようになっていた。ピンクなんて、子供の頃も着た記憶がない色である。それが、四十歳を過ぎてから着る気になるなんて……。

でも今から思うと、その理由はハッキリとしている。三十八歳頃にすごく体調を崩して、その治療のためにマッサージや整体などに通い始め、身体が回復してきたのが四十二歳頃。そして身体が楽になってきたら気持ちも晴れやかに、軽やかになってきた。そうした心身の解放感が明るい色や甘い色の服に目を向けさせたのだ。

それに二十代の頃は、自分の女の子っぽい顔立ちにピンクの服なんてトゥーマッチになりすぎて格好悪いと思っていた。それが、いつのまにか四十代になった頃には顔の肉が良い塩梅《あんばい》に削《そ》げてきて、〝甘さ〟が薄らいでいたのだ。ある時、そうした顔にピンクを着ても過剰にならないことに気がついた。それも理由の一つ。または年齢的に〝若い女性〟という位置から遠のいてきたことで、逆に自分の女性性を自由に表現できるようになってきたことも、ピンクを臆することなく手にできるようになった要因だと思う。

若い頃の私には、「こんなの着たら、ブリブリしているように見えるかも」とか「意識しているように見られたら嫌だなー」などと、自分が他人からどう見られるかを気にするところがあった。それが心身からも若さからも解放されてきたことで、人の目が気にならなくなり、着たいものを自由に着るというスタンスに変わったのだ。でも、こうした自由が行きすぎると、いわゆる〝人の迷惑を顧みないオバチャン〟となってしまうのだろう。人の目を意識しすぎると自分が辛くなり、意識しすぎないと他人が辛くなるといったところだろうか。

〝お出かけ色〟と〝お出かけ肌〟

さて、現在の私は何色が好きなのかというと、特に「コレッ！」という色はない。黒は今も私の定番カラーだが、そこには二十代の時のような意味合いはない。その頃、さんざん着たお陰で〝最も気持ちにしっくりとする色〟という位置づけになっている。ピンクやパープルも着るけれど、以前のように積極的には着なくなった。そうした色を着られるようになった頃の、嬉しくてはしゃいだ気持ちはトーンダウンしているし、それに何と言っても自分の肌ツヤが追いつかなくなった。主張のある色を着るにはキチンとメイク肌にしなければばしっくりしなくなってきたのだ。

——そうなのだ。色に、精神的に助けてもらっていた時期はいつの間にか過ぎ去っていたのだ。今は内面というよりも外見を助けてくれる色を必要としているし、そうした色が好きと言えるだろう。もちろん、いつもその基準で服を選んでいるわけではない。普段着はどちらかと言うとベーシックカラーのものが多いし、それは今の年齢の〝普段着の肌〟にも合う。

でも、特に意識していなかったが、お出かけの時にはちゃんと色効果のある服を選んでいたことに今、気がついた。もちろん、その時には〝お出かけ肌〟にメイクもしている。そんな風に色を意識した装いをすると簡単にパッと美の基準と気持ちが上がるのが嬉しいし、そんな装いをした時の周りの反応を見るのも楽しいからだ。

例えば、あるカジュアルな立食パーティに出席した時のこと。私はクリーンな印象のライムグリーンのワンピースに、落ち着いた華やかさのある赤のコートワンピースを重ねた装いだったのだが、皆の反応は私が苦笑してしまうほど素直なものだった。女性だけではなく既知の仲の男性たちも、ましてや会場で待ち合わせた夫でさえも、パッと目を引く色の装いで現れた私を「ほぉー」という目で見たのだから。

このワンピースとコートワンピースはどちらも膝丈のシンプルなデザイン。だから、もし色が黒だとしたら、ここまでの反応はなかっただろうし、「大人っぽいオシャレな装いね」で終わっていたことだろう。また素材によって色の印象は変わるものだが、この日の服の素材はライムグリーンが薄いコーデュロイ、赤はコットンというカジュアルなもの。それが例えばシルクのような華やかな素材だったとしたら、カジュアルなパーティには〝ただの派手な人〟となり、好意的な視線は向けられなかったに違いない。
それに、ライムグリーンのワンピースだけだと〝何か浮いている〟、落ち着いた赤のコートワンピースだけだとパーティには〝何か地味〟という感じが、互いが引き立ち合うような色を組み合わせたことで、〝グリーン〟で〝華やか〟という印象の装いになった。そして、その色効果が、そのまま私の肌や印象にも反映して皆の視線を捉えたというわけである。

自分に自由すぎず、他人に合わせすぎず

それにしても、こういう視線を見るにつけ、大人の女性の装いの役目ってあるんだなーと、つくづくと思う。普段は自分のための装いでもいいけれど、例えば、パーティに出席するのだったら、その場の雰囲気と周りの人の気分を盛り上げられるような装いをすること。このような〝人のために装う〟のは経験を積んで、自意識から解放された大人だからできることだ。でも、そうした意識で装うと前述の賞賛の視線のように、自分に良い結果として跳ね返ってくる。他人のための行為が、自分のためになるというわけである。

それに自由すぎるよりも、何でも少しぐらい規制があったほうが上手くいくものだ。〝自分に自由すぎず、他人に合わせすぎず〟というスタンスで装うと、ただの派手になったり地味になったりはしない。そして奇をてらっていないデザインに〝色効果〟をプラスすると簡単に、大人にピッタリな華やかさに仕上がるのである。

色効果と言えば、ある夏の日に、我が家の海の別荘に泊まりがけで遊びに来てくれた女性の装いは、まさにそれを熟知しているものだった。到着した日は、黒地にビビッドなブルーやピンクの花柄がポイントのマキシ丈のワンピースで、大人っぽい華やかさという装い。そして次の日は、ハッとするぐらいに美しいグリーンのシフォンのシャツブラウスに、ジーンズのショートパンツという、まさに大人のカジュアルという装いだった。二日で二通りの自分の魅力を服のデザインと色でスッキリとわかりやすく表現できるなんて、効果的なプレゼンテーションの仕方を熟知している人の着方であり、〝魅せる〟とは、どういうことかをわかっている人の着方と言えるだろう。

そんな彼女の装いを見て、久しぶりに〝私も、また普段着にも色を意識的に取り入れてみようかな〟という気になった。普段着だって、ただ居心地がいいからとか楽だからというだけでなく、ハッと心が躍るような気持ちになれる装いにしたら、どんなに毎日がウキウキするだろう。それに、せっかく二十代の色の呪縛から自由になれたし、四十代の頃のソワソワ感も落ち着いてきて、色と自然に付き合えるようになったのだから。

ただし、〝普段着の肌〟に寄り添いつつも引き立ててくれるようなクリーンな色を選ぶこと。そしてメイクの持論と同様、互いが引き立ち合うような色のコーディネイトをすること。そうすれば、〝普段美〟も自分らしくアップできるはず。うーん、何だか、これからの自分の装いが自分で楽しみになってきた。こんな風にウキウキした気持ちになれるのも、〝色効果〟の一つなのである。

5

美は〝選択〟に宿る

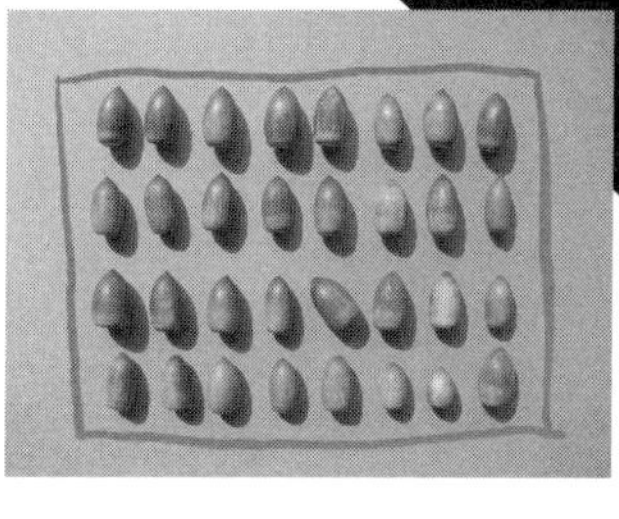

引っ越しで捨てた昔の日記帳

二年前、十年ぶりに引っ越しをした。

引っ越しをするのは一人暮らしをするようになってからその時で七回目になるのだが、恒例にしていることがある。それは荷造り前の大整理。洋服やアクセサリー、靴の類《たぐ》いはもちろんのこと、ボールペンやお箸の一本一本、本の一冊一冊、雑誌の切り抜きや資料の一枚一枚をチェックして、「要る」「要らない」と振り分けて家中のものを整理する。こうして、整理して残ったものだけを新しい家に持ち込むのである。つまり、余分な垢《あか》を落としてから新しい空間に移るというわけだ。

でも私は引っ越しの時だけでなく年に二回くらいは、このような大整理をするのを長年の習慣としている。それは不要なものを溜め込んでいると〝気〟が淀んでしまう感じがするからだ。そして、気が淀んでいると新しい気が入ってきにくくなり、循環しない〝どよ〜ん〟とした空気が自分に纏わりつく感じがして嫌だからだ。それが定期的に大整理をする理由である。

引っ越しというのは、さらに大、大整理できるまたとない絶好の機会。いつもよりも「要らないと思うけど……」とか、「必要かも〜」というような枕詞《まくらことば》をつけて保留にしていたものに対して最終判断をくだしやすくなる。何しろ、梱包する手間は少しでも減らしたいし、梱包したものを解《ほど》いて片づけるという作業もできるだけ減らしたい。ましてや、それが不要で無駄なものだとしたら……。それこそ梱包も片づけも不要で無駄な行為になってしまう。どちらにしろ、荷物は少しでも少ないほうが引っ越しは簡単だ。それに何よりも、新しい生活空間がスッキリとした〝気〟で充満されることを想像すると、整理する手も判断力も早くなるというわけである。

さて、その時の引っ越しでは、そのようにして処分したものの中に四十歳前後の六年間、書き続けていた日記があった。

日記は人に見られるのは嫌なものだが、特別、人に見られたくないからということで処分したのではない。日記をつけて以来、読み返すことは滅多になかったのだが、整理している時に懐かしさから読み返した結果、「もう、要らないな」と判断したのだ。

読み終わって、その頃の自分からは完全に抜け出せたと自覚できたこと。そして〝どよ～ん〟とした空気を纏っているものを、新しい空間に持ち込みたくないと思ったからである。

人によっては「えー、大事な日記を捨てるなんて」と眉間《みけん》にシワを寄せる人もいるかもしれない。でも、私はあまり思い出に縛られるタイプではなく、〝これから〟のほうに興味があるタイプ。だから躊躇《ちゅうちょ》することなく捨てられたのだろう。

それに私にとって日記は自分の歴史や思い出を残すためではなく、その時々に感じていることや思っていることをノートに書き出して、頭と気持ちをクリアにするための小道具に過ぎない。だから、ためらいを感じないのだと思う。

日記の中にいる自分は大変そうで息苦しかった

ところで、その頃の日記にどういった〝どよ〜ん〟としたことが書かれていたかと言うと——。大したことではないが、「この悪習慣は止《や》めるぞー！」と日記の中で何度も誓っているのに、数ヶ月後のページには止められない自分に腑甲斐《ふがい》なさを感じて自分を責めていたり言い訳を綴《つづ》っていたり、「今日の仕事は疲れたなー。あーぁ」とか「なんで、そうなるのかなー」と愚痴やら反省点やらを綴っている。

十数年前の自分は何だか大変そうで、読み返しても懐かしいというよりも息苦しくなってくる。それに、その頃、これは止めよう！　これはちゃんとしよう！　と何度誓ってもできないでいた事柄を今、普通に何でもなくできている。どうしてその頃、できずに悩んでいたのか不思議に思うほどだ。

もちろん、そういう時代があったからこそ、簡単だと思える今の自分がいる。それに数年前から歳を重ねることの良さは、若い頃は難しいと思っていたことが難なくできるようになったり、楽になったり、そして軽やかになったりすることだと実感できるようになってきた。

何故、楽になったり軽やかになったりしてくるかと言うと、まず自分にできることやできないこと、自分が得意なことや不得意なこと、もしくは本当にしたいこと、したくないことがハッキリとしてくるからである。それは自分の力量がわかってきて、選択範囲が狭くなってくるからとも言えるだろう。こんな風に言うと、若い人は「えっ？　そんなの何だか嫌だし、つまんない」と思うかもしれない。

でも見方を変えると、選択範囲が狭まるというのは幸福なことでもあるのだ。まず、自分ができないことや不得意なことはやらなくてもいいと踏ん切りがつく。だから、できなくて焦《あせ》ることはないし、できる人を羨《うらや》むこともない。自分ができることや得意なことを一生懸命にすればいいんだと素直に思えるようになる。つまり、無駄なことをしなくてもよくなるのでシンプルになる、だからこそ楽にも軽やかにもなるということなのである。

三十代で経験した〝諦める〟ということ

若い時というのは、未来は無限。それは、つまり選択範囲が広いということ。そして何故、無限で広いかと言うと、自分がまだどのような人間で、何が得意なのか、何をしたいのかわからないから、とも言えるだろう。

私も若い頃は海外に住みたいと思っていたことがあった。パリに住んでオシャレなパリジェンヌになりたいなー、いやいや、スペインの田舎町で太陽と海と自然に囲まれた生活がしたいなどと、あれもいい、これもしてみたいと憧れていた。

でも、実際は観光や仕事で行くパリはいいけれど、超個人主義の街に住むには自分の性格は合わないということが徐々にわかってきたり、芯から冷える冬の寒さにめげたりしてパリの選択は消えた。スペインで田舎暮らしというのも、夏のあまりの暑さにめげて、〝やっぱり、四季のある日本が一番いいや〟と海外生活への憧れは消滅した。

職業の選択というものもある。二十代半ば頃、ヘア・メイクという仕事が性格に合っていないのではないかと悩んだ末、陶芸家が自分に向いているかもしれないと思いつき、陶芸教室に通ったことがある。そして、いつか自分の作品だけではなく、他の作家の作品も扱う和食器のお店を開きたいと、スケッチブックに図面を克明に描いて夢を膨らませていた。そう思っていた矢先、その当時、住んでいた原宿に自分が描いていたものとソックリの和食器屋ができた。この時の驚きといったら！　何しろ、自分の夢がソックリそのまま実現されていたのだから。そんなお店を見て「この後に、お店を開いても二番煎じかー」と思った途端、何故か陶芸家への夢も簡単にヒュルヒュルーと失せてしまった。

そうこうしている内に自分の性格がヘア・メイクという職業に歩み寄っていったせいか、或いは仕事が忙しくなってきたせいか、「他の職業を」という気持ちもいつの間にか忘れてしまった。そして、現在に至るという感じである。

また、三十四歳で事務所を構えた時には〝レガリーナ〟というブランドを立ち上げて、それまで「どうして、こういうものがないんだろう?」「なんで、こんな風に作らないんだろう?」と思っていたことを商品にして店に卸していたことがある。

その当時は無用に長い柄のメイクブラシしかなかったので、柄の部分は女性の手に収まりつつも携帯できるような長さ、筆部分はプロ仕様というブラシを作った。他にも、立体感のないヘアアクセサリーしかなかったので、生地の中に極細のワイヤーを入れて頭の丸みに沿うようにつけられるバレッタなどを作った。どれも職業柄、「こういうものがあればいいのに」と思っていたのを

「そうか！　なかったら、自分が作ればいいのか！」と閃いて、商品化したのである。

でも結局、デザイン作業は楽しくて夢中になったが、営業能力が非常に劣っていたというか、興味がなかったために赤字が累積していって止めざるをえなくなってしまった。この出来事で悟ったのは、自分には創るための何がしかの能力はあるかもしれないが、売る才能はないということ。そして、この事実を知ることができたお陰で、自分で作って売るということはスッパリと諦めることができた。

この時、デザインだけでなく素材をあちこちの問屋に探しに行ったり、原価計算をしたり、職人や工場へ発注したりするなど、今までしたことがなかったたくさんの経験をした。その後、いろいろな商品の開発やアドヴァイスの仕事を引き受けるようになったのだが、その時に身銭を切って学んだことが大いに役立っている。そのことから、私の信条には〝人生で経験することは、何でも無駄にはならない〟ということが加わった。

でも一番、大きなことは〝諦める〟ということを経験したことだろうか。それまでは何でも諦めずに頑張れば、人生は何とかなるものだと思って生きてきた。でも時には、それが正解でないこともある。何ともならないこともあるということを初めて体験した。それを三十代で体験して良かったと思っている。

もちろん、諦めずに頑張ることはとても大事なこと。でも、あの時、無理に続けていたらレガリーナのスタッフだけでなく、事務所の本体であるヘア・メイクのスタッフにも迷惑をかけるようになっただろう。そんな迷惑はかけられないと思ったことも止める決心の要因となった。止める勇気や手放す勇気も時には必要だということを体験したというわけである。

〝できること〟〝したいこと〟が膨らむ四十歳前後が一番大変

ところで、そうした〝できること〟や〝したいこと〟はピラミッドのように年齢を重ねるほど狭まっていくかというと、そうではない。裾野を二十代としたら、そこが一番狭く、四十代くらいまで〝できること〟も〝したいこと〟もドンドン広がっていって、四十代を過ぎていく頃からまた徐々に狭まっていく。つまり、ピラミッドというよりも洋ナシ形と言えるだろうか。もちろん、例外の人生を送っている人もいると思うが、多くの人はこのような歩みをしているのではないだろうか。

このピラミッドが膨らんでいく時期は、面白いことも楽しいこともたくさん経験するが、それと同様に辛いことも大変なこともたくさん経験する。それは

「まだまだ、できる」と一生懸命に頑張ったり、「これも、できるかも！」とチャレンジしたり、「もっともっと」と良い意味での欲が盛んだからこそ、良いことも悪いこともいろいろな経験をするのだ。

そして夜明け前が一番寒いのと同じように、一番膨らみきる手前の四十歳前後が一番大変な時期。実質的にはその後のほうが忙しくなったり大変になったりするが、精神的にはそれにまだ慣れていないこの頃が一番大変と言えるだろう。私も同じような歩みをしたし、それを裏付けるような事柄が処分した日記には書かれていた。そうした時期を無事に過ぎたと思えたからこそ処分できたのである。

日常の会話で「戻れるんだったら、どの年代がいい？」というような他愛ないことを言い合うことがあるが、私はどの年代にも戻りたくはない。やっと気持ちが楽になってきて、せっかく軽やかさも感じられるようになってきたのに今さら戻りたくなんかない。断然、今がいい。そうなれるために一生懸命な時期を送ってきたのだから。

一つ、誤解を受けたくないので説明したいことがある。それは「楽をする」と「楽になる」では意味は全然違うということ。「楽をする」は回避することであり、その時は身体も気持ちも楽になって得をしたように思うかもしれないが、そのツケはあとで必ず回ってくる。「楽になる」は一生懸命に取り組んで、それを通り過ぎることができたからこそ至る境地。つまり〝自分が選んだ楽〟と〝結果、楽になる〟は意味が全然、違うということだ。もちろん、私が言っているのは後者のほうであり、それを感じられるようになってきたからこそ戻りたくないと思うのだ。とは言っても、他の人から見たら私は〝まだまだ〟の段階だと思う。でも、それは見方を変えると、もっともっと楽になる可能性があるということ。だからこそ、私は歳を重ねていくことを楽しみにしているのである。

ところで時々、御歳を召された方に瞳の奥が温かく澄み切っている人を見かけることがある。私が辿《たど》り着きたいのは、そうした境地であり、美しさ。そのような人たちに共通しているのは邪心のない無垢《むく》さや懐の深い明るさであり、それはいろいろな「選択」を経験したからこそ辿り着いたもの。赤ちゃんの何も知らないゆえの無垢さや明るさとは違うのだ。

「選択」をしていくことが無駄はどんどん削ぎ落とされていき、やがて人間本来の美しさが表れてくる。または削ぎ落とされていく過程で「楽」が増えていき、結果、シンプルで軽やかな心境になる――。自分も早くそうした美と心境に辿り着きたいが、そうなれる日までは楽しみながら、いろいろな「選択」を経験していきたいと思っている。

6

美は〝等身大の個性〟に宿る

カッコウつけなければ緊張しない

「ふーん、緊張するってカッコウ悪いんだ……」。あるトーク番組にゲストとして出演をしている人を見て、そんな風に思ったことがある。今から二十年くらい前のことだ。

いや、本当は緊張するのは格好悪いことではないし、誰だって慣れないことをする時は緊張するものだ。でも、その人は緊張しているのは画面を通しても明らかなのに、〝僕は全然、緊張なんかしてませんよー。この僕がするわけないじゃないですか〟というようなポーズを取っていた。それを見て、私は〝いつもの自分よりも良く見せようとするから、緊張ってするのかな？　それってカッコウ悪いことかも〟と思ったのである。

何故、人の緊張している姿に自分が敏感に反応したかはわかっている。当時、講演の仕事を始めたばかりで、ステージに上がる直前にいつも緊張していたからだ。講演が始まって少しすると緊張は収まるのだが、それまでマイクを持つ手はブルブルだし、心臓はドキドキ。そんな感じだからトークに集中できない。それが嫌だったし、緊張しているのを悟られるのも恥ずかしかった。どうしたものかと思っていた矢先に、件の番組を見たのだ。そして無理やりな思考回路かもしれないが、緊張するのは普段の自分ではない自分を装おうとするからだし、それってカッコウ悪いことだ。だからカッコウなんかつけなければ緊張しない、と私は結論づけたのである。

早速、この自論を次の講演で実践してみた。ドキドキしてきた瞬間に「カッコウ悪い、カッコウ悪い」と自分に言い聞かせてみたら、あら不思議。潮がサーッと引くように、緊張が収まっていくではないか。だからと言って完璧には収まらず、トーク中に不意を突くように再びドキドキ感が襲ってくる。そこで

「カッコウ悪い」を呪文《じゅもん》のように心の中でつぶやいてみたところ、またサーッと緊張が収まっていった。「これは良い方法を見つけた！」と、それから講演のたびに繰り返していたら、始まる前も講演中も緊張しなくなった。もしかしたら、講演そのものにただ慣れただけなのかもしれないが、私の中では「この呪文を唱えると緊張しない！」という成功意識ができ上がったので、そこは深く追及しないことにしている。

それに、この呪文は緊張を解くためだけでなく他の心理的状況でも使えることが判明した。例えば、「いいなー、◯◯さんは」と人を羨む気持ちが湧いた時。「カッコウ悪い、カッコウ悪い」と呪文を唱えると羨む気持ちが消滅するのだ。

「私も◯◯さんみたいになれるように頑張ろう！」と成長の糧《かて》になるようなものだったらいいが、ただ羨むだけの「いいなー」に良いことは一つもない。羨むということは人と自分とを比べるから生まれる感情だし、比べるということは〝自分のほうが上〟とか〝自分のほうが劣っている〟という感情を生む。どちらにしても、そうした時の表情は決して美しいものではないし、どんなに美しい人でも卑しさが浮かぶものだ。

そんな風に思っているだけに、羨む感情が湧いた時には自分に情けなさも感じていた。その解決策が〝カッコウ悪い〟という呪文だったのである。

私は「格好悪い」人になりたくない

ある日、羨む感情が立ち上がりそうな瞬間に「そうだ！　あの呪文を使えばいいかも！」と思いつき、試してみたら案の定、黒い煙が空気清浄機にシューッと吸い込まれるように消えた。「だめだめ！」とか「思わないようにしよう」

と言い聞かせたりするよりも、〝そんな風に思う自分ってカッコウ悪い！〟と言い聞かせたほうが簡単に早く消滅したのだ。それがわかって以来、この呪文を唱えるようにしていたら、より瞬時に消滅するようになったし、羨むこと自体もめったになくなった。このように私にとっては、「カッコウ悪い」はなんとも使い勝手の良い呪文なのである。

それにしても、この言葉が効くということは、私は〝人としてカッコウ悪い〟ということに対して敏感ということなのだろう。例えば「それは良くないわよ！」と叱《しか》られたとしたら、私は「なんで⁉」とか「でも～」と反論するかもしれない。でも「それって、人としてカッコウ悪くない⁉」と言われたら、恥ずかしくって居たたまれなくなるに違いない。

もちろん、人それぞれに効く言葉は違うだろう。ある人にはとっては「それは美しくない！」だったり、ある人にとっては「良い人じゃない！」だったり。

または、私は内面を戒《いまし》める呪文として使っているが、中には「そんなファッションをしたらカッコウ悪い！」と外見を戒める呪文のほうが効く人もいるだろう。いずれにしろ何をしたら、或いは何を思ったら自分らしくなくなるか、それを戒められる言葉であればいいのだと思う。

こう考えると自分を戒める言葉というのは、奮い立たせるポジティブな言葉よりも即効性があると言えるのではないだろうか。例えば〝なりたい自分〟に近づくには時間と労力がいるが、〝あんな風にはなりたくない〟だったら、「そうならないようにしよう」と思うだけでも瞬時に効果が出るのだから。

ということは一番良い呪文の使い方というのは、戒めの言葉で〝なりたくない自分〟を消していきながら、ポジティブな言葉で〝なりたい自分〟の方向に進んでいくということだろうか。ふーむ、私が進んでいきたい方向は「軽やか」ということだが、戒めの言葉とどう結びつくのだろう……。これは後で、もっとじっくりと検討してみることにしよう。

〝隣の芝生〟はあくまでも隣のもの。自分の芝生ではない

ところで、〝隣の芝生は青い〟という格言も人の羨む気持ちを指しているものだが、〝羨む〟よりも「あら、いいわね〜」くらいの、もうちょっと軽くて日常的という感じだろうか。そして、どんな聖人君子のような人でも人生のどこかで体験したことがある、或いは何度か体験していることではないだろうか。

私が初めて〝隣の芝生〟を体験したのは幼稚園児の頃だと思う。「○○ちゃんが持ってるリカちゃん人形、私も欲しい〜！」とか、「○○ちゃんのような服、私も着たい！」と駄々《だだ》をこねた記憶があったような気がする。自分だって違うお人形を持っているのに、リカちゃん人形のほうが良く見える。自分だっ

て可愛い服を持っているのに、○○ちゃんが着ているような服も欲しくなる。子供の頃の〝隣の芝生〟というのは、他人との違いを意識し始めた証《あかし》のようなものなのかもしれない。

それから大人になるまで、いろいろな〝隣の芝生〟が良く見えたことはあったと思うが、記憶が曖昧でよく覚えていない。それくらい軽いノリの芝生だったのだろう。ハッキリと記憶に残っているのは二十六、七歳の頃。「いいなー、○○さんは、こんなインパクトのあるメイクを作れて……」というものだった。○○さんに当てはまるのは誰か特定の人ではなく、同業のヘア・メイクアップアーティストの同年輩の人たちである。この「いいなー」は〝隣の芝生〟よりも〝羨む〟の言葉のほうが合っているだろうか。そうした人の作品を見るたびに「なんで、自分にはあんな強い個性がないんだろう」と自分を卑下していたのだから。

でも今振り返ってみて、良かったと思うのは羨んだままで終わらなかったこと。そんなメイクが合いそうな仕事の依頼があった時、「よーし、自分も個性的なメイクにトライしてみよう！」と試してみたことだ。でも結局「なんか違う……。自分が思う綺麗さはこっちじゃない」とメイクする手を途中で止め、自分が思う〝綺麗〟をいつもよりもうーんと強調したメイクに軌道修正して仕上げた。そして、それが自分の作品に満足感を覚えた初めての出来栄えとなったのだ。

その時にハッキリとわかったのだ。〝隣の芝生〟はあくまでも隣のものであって自分のものではないし、隣ばっかり見ていては、いつまでたっても自分の芝生は青くはならないと。それに自分は手入れをしていないのに、ちゃんと努力して手入れをしている隣の芝生の青さを羨むなんて虫が良すぎる！　と。それが自分の個性というものにちゃんと向き合うきっかけとなったのである。

まず、自分の個性って何だろうと考えてみた。でも考えてみても、「何だろう?」と逡巡《しゅんじゅん》するばかりで思いつかなかった。そこでもっと簡単なこと、自分はどんな女性を綺麗と思うのか、自分はどんなメイクが好きなのかを考えてみた。それは品があって透明感のある女性だし、そうしたメイクが好き。「あれっ? そう言えば、あの編集者も、あのカメラマンも『藤原さんのメイクって品があるし、透明感があるよね』と褒めてくれたっけ」ということを思い出した。ということは、自分の好きなメイクと褒められていることは同じということではないか! つまり、それが自分の個性ということ?

それまで個性というのは、何か強いものを指すのだと思っていた。それに比べたら、自分の好きな〝品〟とか〝透明感〟なんてインパクトがないし人には気づかれにくいし、損だと思っていた。でも、ちゃんと気づいて評価してくれる人がいたのだ。どうして、それに素直に耳を貸さなかったのだろう。たぶん、ここではないどこかに自分の個性というものがあると思っていたのだろう。

「今は儚《はかな》くて弱々しい感じかもしれないけれど、これをちゃんと追求したら立派な強い個性になるのかもしれない！」

素直に、そんな風に思えた瞬間のことは今でもハッキリと覚えている。暗く狭いトンネルから、一気に明るく広い空間へ抜け出た、そんな気分になったことを――。

それ以来、人の作品は参考にしたり刺激剤にしたりすることはあっても、〝隣の芝生〟にも〝羨む〟対象にもならなくなった。自分は自分。自分が納得できるような綺麗を追求していくだけだと腹を括《くく》れたからだ。今から思うとホントに二十六、七歳の頃に隣の芝生が青く見えて良かったと思う。それが隣の芝生を試してみようという気になり、結果、自分の個性というものに気づくことができたのだから。

なりたくない自分を消し、個性を育てる方法

時々、自分らしさや個性が何なのかわからない。どうしたらいいのかと聞かれることがある。自分の経験上言えるのは個性と好きは同義語であり、好きを突き詰めるとそれが個性になるということだ。だからまずは、自分は何が好きなのかを知ることが先である。

注意して欲しいのは「これを好きになったほうが得かも」とか、「これが好きなほうが格好良いかな」というような心理は働かせないこと。それでは本来の自分の個性には出会えないし、育《はぐく》まれない。損得ではなく理屈や理想でもなく、素直に何が好きなのかを知ることが大事。

でも、いざ自分が何が好きかと考えてみると、それも案外「あれっ、何だろ

う？」と悩むもの。それを知るのに簡単な方法がある。それはスクラップブックを作ること。まず雑誌の写真を見て「あっ、この装い好き！」とか「こんな女性になりたい」とか、「いつか、こういうものが欲しい」「いつか、こんな暮らしをしてみたい」など、何でもいいから見た瞬間に好き！　良い！　と思ったページをドンドン切り抜いて集めておく。そして、ある程度溜まったら、それを「ファッション」とか「生き方」とか「憧れの女性」「インテリア」などと細かく分類して、それぞれのスクラップブックを作るのである。こうすると一目瞭然に自分はどんなファッションが好きなのか、どんな生き方に憧れているのかといったことが明確になるのだ。ただ好きなものを集めて眺めていてもそうはならないので、面倒くさがらずに分類することをお薦《すす》めしたい。

当時の私にとって、このスクラップブック作りはとても楽しい作業だった。何しろ、分類したものが増えていくほど「へぇー、そうか自分はこんな感じが好きなんだー」と、いろんなカテゴリーの好きがドンドン明確になっていったのだから。「好きな表情」や「好きな顔」といったブックも作った。それによって自分の好きな女性像がハッキリとしたし、自分の作りたいメイクの方向性もハッキリとした。こうして目で確かめることで自分の〝好き〟の延長線上にある、目指したい個性をさらにハッキリとすることができた。いわば私にとってスクラップブックは行きたい方向を指し示してくれる道しるべのようなものだったのである。

このようにして私は、いつもの自分より良く見せようとするのはカッコウ悪い、人を羨むのはカッコウ悪いという呪文を使って〝なりたくない自分〟を消しながら、自分の好きを伸ばして、自分なりの個性を育んできた。それは図らずも〝軽やか〟という〝なりたい自分〟に導く道筋になっていたことに今、気がついた。何故なら、〝なりたくない自分〟というのは往々にして、ドンヨリと重いものである。それを消すということは、つまり軽やかになるということなのだから。これからも迷わずに、もっと自分の好きをシンプルにして、もっと軽やかな自分に進んでいこう——。今、改めてそんな風に思っているところである。

7

美は〝足るを知る食生活〟に宿る

体質改善のために試した食餌法は数知れず

私はダイエットをしたことがない——などと言うと、嫌みな感じに受け取られかねないが、真相は想像とは違う。私はお腹《なか》が空《す》くと身体が震え、指先や舌がしびれたようになり、時には冷や汗まで出るという体質なので食事制限はできない。だからダイエットはしたくてもできないということなのである。

いや、ダイエットどころか、空腹になるのが怖いとさえ思っている。何しろ私の場合、それは突然やってくる。「全然、お腹は空いていません」と言いながら、そこの角を曲がった途端に、空腹が襲ってくるという調子なのだ。ある女優さんとの仕事で海外ロケに行った時、「ホントにみっちゃんって、〝お腹空いたー〟か、〝お腹いっぱいー。眠いー〟しか言わないよね。ちょうど良いっていう時間が短いよねー」と、半ば呆《あき》れたように言われたことがある。この話を他の人にすると「可笑《おか》しい〜」と笑われるのだが、本人的には大真面目《おおまじめ》に困っている体質なのだ。

そんな体質を改善したくて、今までいろいろな食餌法にトライした。マクロビオティックや○○○ダイエット、○○博士の食餌法、ゾーンダイエットなど。もちろんダイエットのためというよりも、自分に合う食餌法を見つけたくて試してみたのである。そして、どれもこれも家での食事はもちろんのこと、仕事場にもお弁当を作って持って行くほど熱心に実践した。が、ある程度の期間が過ぎると、何となくいつの間にか、いつもの食事に戻ってしまうということの繰り返し。どれもそれなりに効果があったのに、何故か続かなかった。

それでも今の食生活は、それぞれの食餌法が少しずつ残っていると言えるだろうか。オーガニックな野菜や、こだわって選んだ調味料を使って、主食は玄米や全粒粉のスパゲティ。朝食は果物、昼食は生野菜、夜は調理した野菜やタンパク質を意識的に摂《と》っている――。でも、こうして改めて書き連ねると、普通と言えば普通の食事のような気がするし、そして相変わらずお腹が空くと震えがくるという症状は抱えたままだった。

実は「……だった」と過去形なのは現在、その症状から脱却中だからである。その理由を語ると少し長くなるが、こんなことである。

朝の果物でウエスト減!?

いつも年初めに、一年の目標を掲げるのを長年の習慣としているのだが、今年は二つあった。一つは〝ウエストマイナス十センチでカーヴィーボディ！〟。もう一つは〝粗食・少食に満足できる私〟である。まずカーヴィーの目標を思いついたきっかけは、本屋さんで売っていた樫木裕実さんのカーヴィーダンスの本（ＤＶＤ付き）を見つけたことから。それを手にしたときに「そう言えば……」と、今までの自分の人生でカーヴィーな体形になったことなどなかったことを思い出した。

若い時から痩《や》せ体形ではあったがウエストのない、いわゆる寸胴《ずんどう》型なのだ。最近は、その体形に厚みが出始めた。いわゆる中年太りの兆しが見えてきたのだ。そんな矢先に見つけたのがカーヴィーダンスである。だからこそ「私も人生に一度くらいはカーヴィーな体形になってみたい！」という願望がムクッと湧き、「今やらなければ、いつやる！」という念が後押しした。そして、それが今年の目標となった。人生初のカーヴィーへのトライである。

さて、そのカーヴィー計画は結論から言うと、今のところウエストが七センチ減り、目標に近づきつつある。でも元日から始めてグーンと減ったのは、つい最近のこと。週五回のペースでカーヴィーダンスを始めたら、すぐに三センチは減った。が、それから三ヶ月間は元に戻ったり、また三センチ減ったりの繰り返し。自分の体形は三センチ減が限界なのかなーと、諦めかけていた矢先に急に減り出したのだ。

メジャーでウエストを測ることを新たな習慣にしていたのだが、ある朝測ったら三センチの壁を越えてさらに一センチ減っていたのだ。「わー、嬉しい！」と喜んでいたら、次の日は〇・五センチ。また次の日も〇・五センチと順調に減りだしたのである。あまりの急な変化に「カーヴィーダンスのお陰だけじゃないのかも」と、ここ最近、何かいつもと違うことをしていなかったかと思い巡らしていたら、一つだけ違うことをしていたことに気がついた。

私は朝、果物を食べているのだが、減り始める三日前からブレンダーでスムージーにして摂っていたのだ。「それぐらいのことで？」とも思ったが、何かピンとくるものがあったので、そもそも朝に果物を摂るきっかけとなった本を読み直してみることにした。

それはナチュラル・ハイジーンという食餌法を提唱している松田麻美子さんの著書『常識破りの超健康革命』（グスコー出版）である。私は八年ほど前に読んで、この食餌法に凝っていた時期がある。ハイジーンを簡単に説明すると、食事のメインは消化が良く酵素や多くの栄養素を含んでいて、アルカリ形成食品である生の果物と野菜。午前中は身体のサイクルとして食べ物を消化する時間帯ではないので、消化の良い果物だけにするというのが大きな特徴だろうか。また、消化に多くのエネルギーを使ってしまう肉類や魚類はなるべく減らすこと。同じ理由で動物性タンパク質とデンプン質食品とを一緒に摂らないというのも、私にとっては「そうなんだー」と目から鱗《うろこ》の説だった。そして、なんと言っても一番の特徴は、酵素がなくなってしまう加熱食はなるべく減らすということ。食事量の三〇パーセントに抑えるということだ。

「そう言えば、この食餌法をしていた頃、身体の中が軽く感じてすっごく気持ち良かったたっけ……」。急にウエストが減り始めたのは、もしかしたら単にカーヴィーダンス効果が出始めてきただけかもしれないが、このハイジーン効果もあるかもしれない。何しろ、果物を食べるとしたらせいぜい二個くらいだが、ブレンダーでスムージーにすると倍は使う。つまり三日間、いつもよりたくさん果物を摂っていたことになる。それがサイズダウンに繋がったということは、それまでの私の身体は動物性タンパク質過多で酸性に傾いていたのかもしれないし、熱処理した料理を多く摂りすぎて体内酵素を使いすぎていたのかもしれない。そうしたことで体重は増えると本に書かれているし……。

「よーし。もう一回、トライしてみよう」と、まずは八年前に購入した松田麻美子さんの他の著書『50代からの超健康革命』『フルモニ！　フルーツ・モーニング　超健康ダイエット宣言』（ともにグスコー出版）や、訳書の『ライフスタイル革命』（キングベアー出版）を再読してハイジーンの基本中の基本だけを食事に摂り入れてみることにした。

朝は果物食を徹底して、昼や夜には生の野菜料理を一品加えて最初に摂る。肉類など消化しにくいものはなるべく減らすことを意識して食事をしていたら、それだけでウエストがさらに三センチ減った。それに空腹による震えがなくなってきた。もちろん空腹感はあるが、震えるほどのひどい状態にはならなくなったのだ。おそらく野菜を最初に摂ったり、血糖値が一気に上がるようなものを控えたりしたお陰だろう。

憧れは〝欲〟ではなく、〝思想〟で食する人

こんな風に、以前は震えるほどの空腹に我慢できなくて、「お腹がいっぱい」

と感じる満腹中枢が働く前に一気に食べてしまうことが多かった。その結果、お腹が苦しくなるほどたくさん食べてしまう。それゆえ食後は異常な眠気に毎食ごとに襲われていたし、そして毎食ごとに後悔していた。そんな自分に愛想が尽き、もっとゆっくりと食事ができる人になりたい。少量を味わいながら食べられる人になりたいと思っていた。「足るを知る」という〝今〟を十分に満足をするという格言があるが、食欲という人間の本能に支配された食べ方ではなく、そうした思想で食する人になりたいと、ズーッと憧れていた。

でも若い時から今に至るまで、「あれも食べたい。これも食べてみたい。もっと食べたい」「身体に悪そうだけど、美味しいからいいも～ん！」と、完全に欲が勝っている食べ方をしてきた。憧れはあっても欲のほうが勝っていたから、いろいろな食餌法を試しても長続きしなかったのだろう。

それが最近は年齢のせいか、ジャンクなものやこってりした料理、お肉も胃にもたれるようになり、あまり欲しなくなってきた。食べる量も以前よりも減ってきた。そうした兆候に気がついた時、最初は「なんだか淋《さみ》しいな……」と思ったが、よく考えるとこれはチャンスかもしれないと考え直した。なにしろ我慢しなくても、私の憧れである〝粗食・少食〟の人に近づけるということなのだから。こうして、もう一つの今年の目標が設定されたのである。

とは言え、実はこの目標は二年越しのもの。一昨年に設定した時は食べたものを記録するという方法を取ったが、あまり効果は得られなかった。でも取りあえずと、今年も同じ方法を続けていたが、他に具体案は思いつかないまま三月を迎えた。それが、ひょんなことからハイジーンを思い出し、それを意識して食事をするようになったら、ひどい震えがなくなり急いで大食いすることがなくなってきた。つまり私にとって〝粗食・少食〟の具体案はハイジーン食餌法だったのである。

その時々で求めるものも、それに合う食餌法も変わる

それにしても、世の中にはいろいろな食餌法を実践している人がいる。自分が実践したものの他にもベジタリアンとかフルタリアン（果物だけを食べる人）とか、ハイジーンと似ている食餌法のローフードを実践しているローフーディストなど。様々な人がいるのだから、様々な食餌法があってごく当然と思っているが、今、迷っていることがある。食餌法によっては、食材や調理の仕方の良い悪いの基準が違うことが多々あることだ。一番正反対なのは加熱食が中心のマクロビオティックと、非加熱食のローフードやハイジーンだろうか。こんなにも身体に良いという調理法が真逆であるということが不思議だし、どちらが正しいんだろうという迷いが出てきたのだ。ある整体の先生には「加熱

しない食餌法は暖かい国には合っているけど、寒い日本でやっていると身体が冷えますよ」とも言われたし……。

確かに、住む場所や人種によって合う食べ物が違うことがあるのはわかる。でも、人の体質も性格も人それぞれだし、年齢によって求めるものだって違う。だから、〝それに合う食餌法〟という考え方だってあるはずだ。

昔、自分がマクロビに惹《ひ》かれたのは、忙しさにかまけて長い間ないがしろにしてきた自分の身体に何か手間暇をかけてあげたくなったから。そして有機や無農薬野菜を使って陰陽のバランスを考えながらじっくりと調理したものを身体に摂り入れることで、自分が癒されていく感じを味わうことができた。そんな食を通してキチンと丁寧な生き方をしているという気にもなれた。

或いは、潑剌《はつらつ》とした身体と肌と気分になれるという説に惹かれて、一日五食に適量の動物性タンパク質を定期的に摂り入れるという食餌法をしたことがある。その時はすごく身体を動かしたくなり積極的に運動をしていたし、何だかいつもルンルンとしていた。

心の要求に従うと味覚は刺激を求めるばかり

人は〝摂り入れるものでつくられる〟と言うが、まさにそういうことなのだろう。自分の性格や考えや思ったりすることは、生まれつきとか、心が作用していると思いがちだが、〝摂り入れた食べ物〟にも知らず知らずのうちに大いに影響されているのだ。つまり食べるという行為は健康や美容に関わるだけでなく、思考にも深く関わっているということなのだ。

たまに「食べたいと思っているものが、身体が欲しているもの」と言う人がいるが、そうかなーと以前から疑問に思っている。もちろん、ズーッと正しい食生活をしている人ならその言葉は合っているだろう。でも、自分のようにジャンクなものも好きだった人の場合、心の要求に従っているとアッという間にジャンクが増えていくだろう。グルメ度も油断していると、〝もっと、もっと〟という欲が増していく。料理する時も「もっとバターを入れたほうが美味しくなるかも」「あの香辛料も、この香辛料も入れてみよう」と、心の要求に従っていると味覚もどんどん刺激を求めるようになるのは目に見えている。

でも、そうしたことに私は最近、疲れを感じ始めていたのだ。〝もっともっと〟と足していくのではなく自然のものを自然のままに、もっとシンプルに食したいと思うようになってきた。その矢先のハイジーンの食餌法でもあったのだ。そして、この食餌法で「生の食べ物やシンプルな食事って、こんなに美味しかったっけ⁉」と新鮮な驚きを体験しているところである。

これを続けていれば欲からではなく、真に〝身体が欲しているもの〟を敏感に感じ取れるようになるかもしれない。もちろんカーヴィーボディだけでなく美肌と心身の軽やかさも！　と、大いに期待しているところである。……これも、〝もっともっと欲〟と言えるかもしれないのだが。

8

美は〝住む部屋〟に宿る

住んでいる部屋とのズレを感じたら引っ越す

5の「美は〝選択〟に宿る」で十年ぶりに七回目の引っ越しをしたことを書いたが、その時の理由は後ほど書くとして、それまでは住んでいる部屋と自分にズレを感じ始めたら引っ越しをする、というのがいつもの私のパターンだった。

自分らしさと部屋の雰囲気が違ってくる原因はもちろん部屋にあるのではなく、自分にある。そして、ボンヤリとだが自分の向いている方向が変わっていく予感がすると、決まって引っ越したくなるのだ。

今までは、だいたい五年周期で〝予感〟と〝引っ越し〟を繰り返してきた。ヤドカリは殻が小さくなったら移動するが、私の場合はこれからの自分に合う殻を求めて移動するといったところだろうか。

〝部屋が狭くなったから〟とか〝交通の便が悪いから〟という具体的なことが原因ではなく、こんな風に抽象的なことで引っ越しをするのには理由がある。

私は若い頃から、住む処《ところ》とは、その人らしさが最も表れる空間であり、そこに漂っている空気感は知らず知らずのうちに、その人自身に染み込んでいくと思っている。

だから、私が部屋を選ぶ時の決め手は「こんな部屋が似合う自分になれたらいいなー」とか「なんか、この空気感、好き！」と思えること。そうした処に住むために、お金に余裕のない若い頃から家賃には自分なりにお金を割いてきた。服よりも食べることよりも大事だと思っているので、そのプライオリティは〝衣・食・住〟ではなく〝住・食・衣〟という順番である。

住居遍歴を振り返れば自分の〝大切なもの〟の変化がわかる

さて、そんな私の住居遍歴を振り返ってみると、まず初めて一人暮らしをした時は親に選んでもらった部屋に住み、生活に必要なものは全て買い揃《そろ》えてもらった。二年後のヘア・メイクのアシスタントに就いた時は、〝おしゃれな街〟の原宿に。ペンキで好きなように塗ってもいいという物件を選んで、お風呂場をピンクや水色に塗ったり、キッチンをブルーに塗ったりした。家具はその頃流行《はや》っていたパイン材のチェストや、アンティークのテーブルや椅子などを購入して〝パリ風〟に。初めて自分で部屋探しをして、インテリアも自分の好きなように調えたのである。その部屋に住んでいる時に初めてヘア・メイクの仕事をしたり、取材を受けたりした。〝自分〟というものが活動し始めた時期と言っていいだろう。ちなみに、この時に購入したアンティークの椅子は今も愛用している。

そしてアシスタントを卒業してヘア・メイクアップアーティストとして独り立ちしてから二十八歳までは、床も壁も全て白という部屋に住んでいた。何にでも興味があって、何でも吸収したいという年頃に〝真っ白でクリーン〟という印象のその部屋はピッタリだったように思う。そうそう、ヘアスタイルはその頃流行っていたテクノカットで、襟あしを刈り上げたスタイルや左右の長さがうんと違うスタイルなど、いろいろ斬新なショートスタイルをしていた。

その後はまた〝パリ風〟に戻り、「なんだか、パリの屋根裏部屋みたい」な天窓のある部屋に住んだ。「いろいろ試してみたけど、やっぱり、こんな感じが自分らしいかも！」と一目見て即決した物件である。ちょうどヘア・メイクという仕事でも自分の個性に気づき始め、〝隣の芝生〟に憧れるのではなく、自分の持ち味を素直に伸ばしていこうと気持ちがクリアになり迷いが消えた頃だ。髪の毛も伸ばし始めて、普通のヘアスタイルに戻したのも、この頃である。

事務所を立ち上げた時は、「これからは、ちゃんとしなくっちゃ！」という意気込みが部屋選びにも表れたのか、イギリス風の家具が似合う落ち着いた雰囲気のマンションに移った。服装もジャケットを愛用して〝ちゃんとした格好〟をするようになった。また〝一流〟と言われている食器やバッグ、服、ジュエリーなどに興味を持ち始め、そうしたものの良さに開眼した頃でもある。

それから次第に〝もの〟だけではなく〝自然〟にも意識が向くようになり、次に移り住んだマンションは隣に小さな公園があり窓から豊かな緑が見えるという環境。窓もたくさんあったので開放感もあった。私的には歪《ゆが》みや硬さがピークになった身体を何とかしようと、整体に通いだしたりストレッチをしたりして、少しだけ身体と心に軽やかさを感じ始めた頃だった。他にも無農薬や有機野菜の美味しさに目覚めて、定期的に配達してもらうようになった。〝健康〟というものに意識が向くようになった頃と言ってもいいだろう。初めて子犬を飼いだして、そのヤンチャぶりに溜め息をつきながらも可愛らしさにキュンとしていたのも懐かしい思い出である。

四十三歳の時に引っ越ししたのは部屋と同じぐらいある広いテラスと、景色が一望できて朝日から夕日まで眺めることができるという、さらに開放感のある物件だった。この頃には身体も随分と柔らかくなって開脚が三〇度（！）から一七〇度くらいまでできるようになっていた。

そして結婚をして、海の近くに週末の家を持ち、ランニングやヨガを始めたり、今までの仕事がメインという生活から、いろいろなバリエーションに富んだ生活へと変化した――。これが今までの私と、住んだ部屋の大まかな履歴である。

住む部屋は、〝少しドキドキ、ワクワクする〟ところを選ぶ

　ところで、その部屋の引っ越し荷物が片づいてヤレヤレと見まわした時に、フッとよぎった思いがある。それは「あれっ、なんか二十歳の頃の部屋と似ている。原点に戻ろうとしているのかな……」というものだ。広さもランクも全然違うのに、初めて自分で選んだ部屋と空気感が似ていると感じたのだ。今はまだ、それが当たっているかどうかわからないが、後で振り返った時に「そうか、それであの部屋を選んだのかー。あの頃が自分らしさのターニングポイントの時期だったのね」などと思う日がやってくるような予感がしている。

　さて次は、私がズレを感じて「そろそろかなー」と思い立ち、実際に部屋を見つけるまでの流れを説明してみよう。最初にするのは不動産屋まわりではな

く、インテリアのスクラップ帳を作り直すという作業である。集めておいたお気に入りのインテリアの切り抜きを整理するのだ。すると〝次は、こんな自分になりたいなー〟というイメージが見えてくる。私の場合、憧れるインテリアや部屋の雰囲気がハッキリすると、自分の進みたい方向性もハッキリするのだ。そんな〝なりたい自分〟に合う部屋なので当然、その時の自分にピッタリではなく、ちょっとランクが上ということになるのだが、それが狙い。部屋のランクに自分を引き上げてもらおうという魂胆なのである。

私は、人間は誰もが最初から〝理想の器〟を備えているのではなく、その器の大きさに合っていくものだと思っている。例えば、教師も教師になってからそれらしい人間になっていくし、社長になってから社長の器になっていく。初めから教師や社長にピッタリの大きさの器の人はいないのではないだろうか。だから今はまだ早いとか、まだ自信がないとか、その器に合う人間になってからなどと言っていたら、そのいつかはなかなかやってこないと思う。乱暴な言い方かもしれないが、取りあえず先に器に入ってしまえば人は自然とその大きさの器に合っていくものだと思う。

部屋も同じで、まずは自分を〝なりたい器（部屋）〟に入れてしまう。すると、その空気感は知らず知らずのうちにその人に染み込んでいく。〝自分では気がつかないうちに〟というところが怖くもあり、努力しなくてもいいから楽ちんでもあると言えるだろう。だからこそ〝なりたい器〟に引っ越しをしなければ意味はないのだ。もちろん分不相応すぎては現実的でないし、効果もない。部屋を見た時に、〝少し
ドキドキして、ワクワクする〟くらいがちょうど良い次の器の大きさのように思う。

ところで今回の新しい部屋に移り住むまでに、どんな〝ズレ〟と〝こんな感じになりたい〟があったかと言うと——。いつも通りに〝何か違ってきたか

な〟と思い始めたところまでは一緒。でも今回は具体的な原因があった。あまりの日当たりの良さに嫌気が差してきたのだ。それまでも、どの部屋も日当たりが抜群なところに住んでいた。それが条件で引っ越しを決めたわけではないが、住み始めてから日当たりが良いことに気づく、ということが大半だった。部屋はただの箱かもしれないが、それが発している空気感というものがある。私が好きな部屋の空気感の基本は〝朗らか〟なこと。これは陽がサンサンと当たっているからこそ生まれる空気感だ。つまり私が惹かれる物件というのは日当たりが良いということであり、無意識にもそうした物件を選んでいたということになる。

〝元気〟から〝穏やか〟へ変わった部屋に求めるもの

話を元に戻すと、前回はどの部屋も朝から日が沈むまで陽がサンサンと当たるという物件だった。それが気に入っていたし気持ち良く暮らしていたのだが、二年くらい前からだろうか。その日当たりの良さに疲れを感じ始めるようになってきたのは。特に夏の日中は日陰が部屋の隅しかないので、「居場所がない！」と愚痴るようになった。それまでは休日の大半は広いテラスで朝から晩まで過ごすのがお気に入りだったのに、太陽の光が弱い早朝と夕方しかテラスに出なくなった。その頃は海の近くに週末に過ごす家を持っていて、そこも日当たりと風通しがいいので、大袈裟に言うと〝常に太陽にさらされて疲れる〟という感じになってきたのだ。

そして「良い部屋が見つかったら引っ越そうかな〜」と思い立ち、物件探しをすることに。つまり、いつもの〝スクラップ帳を作り、イメージを固めて〟というステップは飛ばして部屋探しをすることにしたのである。そして出会ったのが、二年前に引っ越した今の部屋。初めて見た時に、「わぁー、木漏れ日がきれい！」と、大きな窓から差し込む柔らかな光を見て思わず口から出たのだが、その言葉に自分が何を求めているのか気がついた。それは〝穏やかさ〟や〝静けさ〟というものだ。今までの〝元気で太陽サンサン！〟ではなく、それが今、自分が求めていることだ、と。

この心境の変化はたぶん年齢によることが大きいと思うが、具体的に二年前とそれ以前にどんな違いがあったのかを思い起こしてみた。まず、ヨガを始めた。そして朝早く起きて夜早く寝るという〝朝型生活〟に拍車がかかってきて夜はあまり出歩かなくなったし、以前ほど二日酔いになるまで飲めなくなったし、飲まなくなった。他には海の家の庭作りに没頭するようになった。朝早くから草むしりをしたり落ち葉を掃いたり、花木の手入れをしたり、ハーブや野菜も作ったり。それらの世話をするために定期的に海の家に通っている感すらある。他には自然の中をランニングしたり海辺を散歩したり、時には川にピクニック、山にハイキングに行ったりということも。つまり自然に触れて、自然と共に暮らすという生活が、この二年で知らず知らずのうちに当たり前のようになっていた。

部屋に合う自分を作るのは一日一日の暮らし方

私には「いつかは、こんな自分になれたらいいな」という夢がある。それは〝日の出と共に起きて、日の入りと共に寝るという自然でシンプルな生活を丁寧に、そして満足して暮らせる人〟になるということ。こんな風に思うようになったのは四十歳頃からだ。それは、隣に公園があり窓もたくさんあって、自然や開放感が感じられる部屋に住んでいた頃。その部屋には三十八歳の時に引っ越ししたのだが、ちょうど身体と精神的な疲労がピークだった時と重なる。だからこそ、そうした〝自然〟や〝開放感〟というものを自分に取り込みたいと願って移ったのだろう。そして、その夢をより強く求めたからこそ、さらに自然や開放感のある前回の部屋を選び、そして、さらに海の家へと繋がったのだろう。

こうした自分の遍歴を振り返ってみて、やはり人生と住む処というのはリンクしているものだと思ったし、私にとって自分らしさの次に繋がる空間に身を浸すことは大事なことだったのだと確信した。もちろん実家暮らしをしていたら、それはそれでまた違う考えを持ったかもしれないが、それも含めて人生の選択ということなのだろう。

今回、選んだ部屋がどんな空気感を自分に染み込ませてくれるかはわからない。でも今までのように〝方向性の違う自分〟ではなく、今の自分の延長線上にあるもの、ということだけは確かだと思う。いずれにしろ後で振り返った時に、この器を選んで良かったと思えるように一日一日を丁寧に暮らしていきたい。器の選択が正しかったかどうか、或いは器に合っていくかどうかは、結局は日々の暮らし方によって決まるのだから。

9

美は〝忘却〟に宿る

ある時、忘れっぽくなるように訓練した

いつからだったろう、自分が忘れっぽい性格になったのは……。それを周りの人たちに言ったら、たぶん「えー、生まれつきじゃないの〜！」と笑われるに違いない。たとえ、私が「いや、ホントは違うのよ」と反論したところで、誰も取り合ってくれないのは目に見えている。それだけ私は常日頃、物事を忘れちゃう人なのだ。スタッフには「同じことを、もう四回も聞かれたんですけど……」と白い目で見られ、家族には「この場所に来ると必ず毎回、まるっきり同じ感想を言うね〜」などと呆れられる。でも残念ながら反論はできない。何しろ本当に聞いた覚えも、言った覚えもないのだから。しかし、あえて言わせてもらうならば、私はある時から忘れっぽくなるように意識的に自分を訓練したのである。その結果が、皆が思っている今の私なのだ。

何故、そうしようとしたか。それは、こういう理由からである。人気のあるモデルとは、いろいろな撮影現場で一緒になることが多い。あの雑誌でもこの雑誌の撮影でも一緒。或いは、昨日も今日の撮影も一緒ということが珍しくない。そうすると、だんだん、そのモデルの新しい魅力や違う美しさをヘア・メイクで作れなくなってくる。それでは困るのだ。

新鮮な気持ちを維持するには〝忘れる〟ことが大事

女優やタレントをヘア・メイクする場合は、その人らしい魅力が出るようにと依頼されることが多いので毎回、違う面を引き出す必要はない。でもモデルの場合は別。クライアントやカメラマンの要求に応じて、いろいろな魅力や美を表現するのが彼女たちの仕事であり、その表現の一端を担うのがヘア・メイクの仕事。特に、売れっ子のモデルにヘア・メイクをする場合は、新鮮さや違う魅力を引き出すことが求められることが多い。そして、それができるのがヘア・メイクアップアーティストの技量であり、どれだけテクニックや経験の引き出しを持っているか、或いはイマジネーション力を持っているかによって、その度合いは違ってくる。しかし、そうは言っても今日、この瞬間に、その能力が飛躍的に良くなるというものではない。何しろ、それは日々一つずつ積み重ねていくものであり、身につくまで時間のかかることなのだ。

そこで私は取りあえず、今すぐにできる対策はないだろうかと考えた。そして浮かんだのが、「忘れる」ということだったのだ。撮影が終わったら、その時点で、その日に作ったヘアやメイクのことはスパッと忘れる。一緒に仕事をしたモデルの顔も忘れる。そうすれば何回会っても初めて会ったような新鮮な気持ちでメイクができるし、新たな魅力も作れるはずだ。要は、過去のことは忘れて、いつでも新鮮な気持ちで撮影現場や人に臨めるようにしようという解決策なのである。

でも、これは人には言えないことだ。何しろ、担当した仕事の内容も、一緒に仕事をした人の顔も忘れるなんて随分と失礼な話だし、短絡的な発想だと笑われるに違いないのだから。

さて、それからの私は撮影が終了したら、すぐに気持ちを切り替えるようにした。特にこれといった具体策はなく、単に意識を違うことに向けるということだけ。でも意識というのは凄いもので、そんな風にしていたら、いつのまにか仕事が終わったらすぐに気持ちを切り替えられるようになり、撮影内容もモデルの顔も、どんなヘア・メイクを作ったかも忘れられるようになっていった。思考の習慣を変える第一歩は忘れるにしても何にしても、〝意識する〟ことから始まるということなのだろう。

そうしているうちに「やったー！　忘れられるようになった！」と、ハッキリと成果を知る事件（？）が起きた。それは、ある雑誌のビューティページの仕事でのこと。カット数が多いので、二日間かけて撮影をするというスケジュールが組まれ、両日共に外国人モデルで一日目は一人、二日目はそのモデルの他にもう一人加えることになった。初日のモデルが私好みのルックスだったせいかイメージがどんどん湧き、撮影もスムーズに終わり、「じゃー、また明日もよろしく！」とモデルの子と頰寄せ合って別れの挨拶を交わした。

そして二日目。モデルは午前と午後に分かれてスタジオに入ることになっていた。午前中に入ってきたモデルのメイクをしながら、「そう言えば、昨日のモデルの子は何時に入ってくるの？」と担当編集者に聞くと、何故かカメラマンもスタイリストも皆いっせいに「えっ？」と私を見るではないか。「どうしたのかな？」と訝《いぶか》しがっていると、「大丈夫？　今、メイクしている子が昨日のモデルだよ」と言うではないか。あっ、ホントだ！　唇の横に昨日、私がさんざん「このホクロ、いいねー。セクシー・ビューティポイントだね」と褒めていたホクロがある。昨日のモデルだ……。

そのことに気づいた瞬間、私は〝よし‼〟と心の中でガッツポーズをして喜んだ。しかし皆からは心配というよりは呆れた視線を投げかけられ、そして、その瞬間から今の私のイメージが定着したというわけである。

忘れる訓練で目の前のことに集中できるように

それにしても日本語の通じないモデルで良かった。昨日、あんなに「いいねー！」なんて言いながら一緒に仕事をしたのに顔を覚えていないなんて知ったらショックだろうし、失礼すぎるというものだ。「違うの。あなたのいろいろな魅力を引き出したかったから忘れたの」なんて誰がどう聞いても、まるっきり言い訳にしか聞こえない。

とにもかくにも、こうして〝忘れる〟技術を身につけた私だが、これはヘア・メイクの仕事以外にも有効であることがわかった。まず、新鮮に思えることが増えた。それはそうだ。忘れてしまうのだから何度、同じものを見たり聞いたりしても初めてのように新鮮に思えるのは当然だ。

何度、同じことを言う人の話も「もう何度も聞きました！」ではなく、「へぇー、凄いですねー」と本気で感心することができる。何度見た景色でも、何度でも同じように感動できる。「これ美味しいね〜。どうやって作ったの？」とお馴染《なじ》みになった味も初めてのように美味しく頂ける。年を重ねていくと感動することが少なくなると聞くが、それは既に体験済みのことが増えて、初めてのことが少なくなるということも要因の一つではないだろうか。だから忘れることは、感動を取り戻すのにも有効な手段と思うのだが、どうだろうか。

他に良かったことは、気持ちを引きずらずにパッと切り替えられるようになったこと。そして、目の前のことに瞬時に集中できるようになったこと。それもこれも、過去を忘れられるからできるのだ。つまり、忘れるということは過去に囚われずに、過去から自由になることでもある。だから過去よりも未来に目を向けたい時は、〝忘れる〟に限るというわけである。

二十代で忘れていいのは失恋だけ

これは失恋した時にも、とても有効な方法だ。でも、忘れたいことや嫌なことに限って、それができないもの。そのためには忙しくすることが一番。そうすれば当然、目の前のことに意識が向くので、その間は失恋のことを忘れていられる。それを続けていれば、だんだんと忘れている時間が増えていくので必然的に、失恋の記憶は過去に押しやられ、遂には消滅するというわけである。

「そんなに簡単に忘れられるはずがないわ！」と失恋したばかりの人は思うかもしれないが、是非、実行してみて欲しい。そうすると、それは本当のことだったと納得する日は必ずやってくるし、〝忘れる〟というのは神様から人間に与えられた才能の一つだと思える日は必ず訪れるだろう。

忙しくする内容は、仕事でも趣味でも雑用でも家事でも、何でもいい。ただし心身がすり減るような忙しさではなく、〝無〟になって没頭できるようなことがいい。没頭できて無になると、新しいことが入ってくる。だからこそ忘れられる。つまり物事というのはそれだけシンプルなことなのである。

とは言え、この〝忘れる〟という才能は、二十代は失恋以外使っては駄目。この年代は何事も積み重ねていくことが仕事のようなものだし、初めて経験することがほとんどであり、まだ忘れていいほどの過去は積み重なっていないのだから。ちなみに私が実行したのは三十八歳の時。独断と偏見ではあるが、忘れる才能を使い始めてもいいのは三十代後半から。何故なら、その頃からは積み重ねてきたものに新しさを加えながら前進していかなければいけなくなってくるからだ。

コップに目一杯水を入れてしまうと、それ以上水を足してもただ溢れて流れてしまうだけ。でも常に、八分目になるように水の量を調節していると新しい水は流れ出てはいかない。それに、元の八分目の水の循環も良くなる。新しい水を入れなければ、元の水は濁ってしまう――。このような、格言があったかどうかうろ覚えだが、趣旨は〝忘れることで、新しい魅力を作る〟と同じと言えるだろう。

とは言っても、最初は意識しなければ「忘れる」ことを忘れてしまうことだろう。または、せっかく十分目になるまで頑張ってコツコツと積み重ねてきたのに、二分も減らすなんてもったいないと思うことだろう。それでも三十代後半からは新しい水が入ってくるように、減らすことを心がけたほうがいいと思うのだ。言い換えるなら、手放すと言ってもいいだろう。身につけたものに、しがみつかずに手放す。そうすると不思議なことに手放したものは、より大きくなって戻ってくる。これは私の経験上、法則みたいなものだと確信している。

自分のベストに執着しない

ところで女性誌のファッションやビューティページは季節を先取りして、例えば夏の暑い盛りに秋冬号の撮影をするのだが、その時に、次に流行るファッションやメイクを提案することが多い。この時に〝手放す〟必要に迫られることが多々ある。それは、今まで積み上げてきたものが邪魔になることがあるからだ。新商品の化粧品を使ったのに、得意なテクニックでメイクをしたら古臭い感じになっちゃった、いつもの自分の好きな女性像をイメージしてメイクしたら、なんか重い感じになっちゃった……。これはヘア・メイクという仕事だけではなく、違う職種の人でも三十代後半以降の人なら似たようなことを経験したことはあるのではないだろうか。

だから新しいものが入ってくるように、常にコップを八分目にしておく必要があるのだ。手放すことを躊躇したり、しがみついたりしていては新しい発想ができなくなる。そのためにも過去は忘れて、未来に焦点を合わせる。そうすると今までのものにプラスされた形で新しいものを作れるし、違うこともできる。これが手放したものが大きくなって戻ってくるということである。

もちろん過去の全てを忘れるのではない（できるはずもないのだが）。今まで積み上げてきたものを八分に減らし、新しいことを二分取り入れる。それくらいの割合がちょうど良いように思う。時には、そのバランスを意識して変えたほうがいいこともあるのだが。

もちろん私だって、いつも全てを忘れるわけではない。大事なことは覚えているし、脳に刻み込まれている。脳は眠っている時に「何を覚えておくか」「何を忘れるか」の選択をしていると言われている。つまり忘れても差し支えないことと駄目なことは、脳が選別してくれているということだ。例えば私の場合、モデルの顔そのものは覚えていなくても、この肌質の場合の肌作りはこうしたほうがいいとか、こんな目の形にはこんな風にアイラインを引いたほうがいいという情報は脳に刻み込まれている。新しいメイクが容易にできるのも、記憶のどこかに入っているこうした過去の積み重ねがあるからなのだ。

忘れると新しさが入ってくる

それにしてもモデルの新しい魅力を作るためにと始めた〝忘れる〟作戦が、実は自分に新しさを取り入れるためだったんだということが、今こうして書いていて初めてわかった。そして偶然にも、年齢的にちょうど良い時に〝忘れる〟という人間に備わっている才能を使い始めたということもわかった。そんな決断をして実行した自分を褒めてやりたいくらいである（！）。

さて、最後にお願いごとが一つ。知人がこれを読んだとしても、「あらっ、私のあの話を何度言っても覚えないのは、どうでもいいと思っているからなのね！」などと怒らないで欲しい。聞いた時は本心から「そうなんだー。大変だよね」と思っているのだが、ただ脳が、これは覚えておかなくてもいいと判断したたけなのだから。それに私が覚えていないほうが何度も同じことを言えて、心おきなく憂さ晴らしできるではないか。つまり私は、あなたのために忘れているの——。

う~ん、やはり誰がどう聞いても言い訳にしか聞こえない。人間関係を円満に保つには、忘れていないフリをするほうが賢明かもしれない。でも、それよりも簡単で自分が楽チンなのは「あの人はしょうがない」と諦めてもらうこと。これは、そんな風に認知されている私が言うのだから間違いない⁉

10

美は〝社会を知る大人〟に宿る

三十四歳の事務所設立で大人になった

「あなたは〝自分は大人になったなー〟と実感した時はありますか。それは、いつですか?」と聞かれたら、どう答えるだろう。私なら三十四歳の春、ヘア・メイク事務所を立ち上げた時、と答えるだろう。その設立のために、いろいろな体験をしたことが自分を大人にしたと思っているからだ。

何を体験したかというと、こんなことである。

その前年の大晦日に、急に設立することを思いついたのだが、この時、なんと貯金はゼロ。何しろ、この年に「そうだ! 〝いつか〟を〝今〟にしよう!」と思いつき、いつか欲しいと思っていたアンティークのジュエリーやエルメスのバッグ、いつかは飲んでみたいと思っていた高級赤ワイン、いつかは泊まってみたいと思っていた高級旅館などなど、いろいろなものを買ったり体験したりして、取りあえずお金で実現できる〝いつか〟の夢を全て果たしたばかりだったのだ。

お金を貯《た》める習慣のなかった私の貯金は当然、すぐに底をついたが、代わりに心の中は夢を叶《かな》えた嬉しさとスッキリした満足感でいっぱいになった。そして「〝いつか〟って、ヤル気になれば叶っちゃうんだ。こんなにも簡単なことだったんだ！」と当たり前のことかもしれないが、それが何だかとても不思議に思えたことを今でもよく覚えている。

とはいえ、それまで事務所を作るのは〝いつか〟と考えたことはなかったし、したいとも思っていなかった。たぶん、それまで描いていた〝いつか〟を実現して、夢もお金も空になったからこそ新しい発想が湧いてきたのだろう。または満たされたことで、〝次！〟へと意識が向いたのかもしれない。

融資の審査に通ったのはクイズ番組のおかげ

このように事務所設立を思いついたものの、それを実現するためのお金がない。となると、まずは資金作りからだ。いろいろ調べたら、区の商工会議所に頼むのが一番金利が低くて相談にも乗ってくれるということがわかった。でも、それまで、そうした役所関係に私は足を運んだことはないし、苦手意識がとても強い。区役所や銀行などに簡単な手続きをしに行っても、必ず「あっ、ない！」と何かしら持っていくべきものや揃えるべき書類を忘れてしまう。だから、そうした場所に足を運ばなければいけない時は、いつもすごく緊張してしまう。

それくらい苦手な自分なのに、よくいろいろな手続きができたなーと感心する。が、今、その時の仔細を思い出そうとしても「どうしたんだっけ……？」と、どうしても思い出せない。もちろん自分で商工会議所に行って融資の相談をして、必要な書類を揃えて提出したのだろう。ちゃんとできたから資金を融資してもらえたのだと思うのだが……。

それでも一つだけ、よく覚えていることがある。それは融資の審査のために担当者が自宅に来た時のこと。当時、ヘア・メイクアップアーティストという仕事は世の中にまったく認知されていなかったので、どんな職業なのか資料を見せて欲しいということだった。雑誌の表紙や広告の仕事でモデルや女優のヘア・メイクを担当したもの、自分が雑誌で取材されているものをファイルにして見てもらったのだが、何か決定打がないようで「他に何か、ご自身と仕事を証明するものはないですか？」と言う。そうだ、そうだ。ちょうど昨日、テレビの制作会社からビデオが届いたんだっけ。でも、それは自分が出演したのではなく、「ヘア・メイクアップアーティストの藤原美智子さんが所属している事務所名（当時）は何でしょう⁉」とクイズ番組の問題にされただけ。あまり、説得力はないかなーと思いながら見てもらうと、なんと「クイズの問題にされるくらいの人なら大丈夫でしょう！」とあっさり融資の許可が下りた。

こんなに、いろいろと資料を揃えたり説明したりしたのに、顔写真しか映っていないテレビ番組でOKが出るのか……。その時は「ふーん、仕事のクオリティよりも、そういうことが大事なのかー。それが世の中というものなのかー」と何か釈然としなかったのだが、事務所をオープンする頃には、その理由を理解できる自分になっていた（！）。

たぶん、あの若い担当者は、「たとえ『○○の雑誌の表紙や、あの広告のヘア・メイクをしている人』と上司に説明しても、なかなか理解できないだろう。でも、テレビだったら上司に話は通りやすいし、OKに異論もないだろう」と判断してくれたに違いない――。こんな風に考えられるような自分になっていたのである。それにしても、何が幸いするかわからないものである。

しかし、その融資でも足りなかった。実は事務所用としてマンションの一室を購入しようと思いついたからだ。時はまだバブルがはじけたばかりで、自分が納得できるような部屋は賃料が高くて借りられない。それなら狭くてもいいから購入して、自分の好きなように部屋を改造しよう！　と思いついたのだ。

〝初めてのことばかり〟に世間知らずを実感

さてマンションを購入するお金となると、銀行から融資してもらうしかない。でも借りるにしても、せめて頭金がなければいけないのに、それすらもない。となると、最後の頼みの綱は親しかいない。そこで恐る恐る、頭金を貸して欲しいことを、まずは電話で打診してみることにした。最初に電話口に出た父の反応は、聞くやいなや「そんな夢みたいなことに大金を使って、どうするんだ！　ちゃんと貯金しないから、そういうことになるんだ」と説教をされてしまった。生真面目《きまじめ》な父がそうした反応をすることは予想していたが、やはりダメか……。次に母に電話を代わってもらい、気を取り直して「これこれ、しかじかで、そのためにお金を貸して欲しい」と言ったところ、なんと「あらっ、面白そう。いいわよ！」と二つ返事。こんなにも性格や考え方の違いってハッキリ出るものなんだとビックリしたし、私は母親似であることは間違いないと確信した瞬間でもある。

　とにもかくにも、これで頭金は用意できた。あとは銀行に掛け合うだけ。しかし、これも、どういう風にしたのか、まったくもって記憶がない。どの窓口に立って、どんな風に説明したのだろう。それに不動産屋さんとはどんな風に交渉をしたのだろう……。それらの書類を揃えて、契約書にサインをしてなど、いろいろ事務的なことをしたはずなのに、どれも記憶にない。きっと、あまりにも自分の許容範囲以上のことをいろいろ短期間にやりすぎて、脳の記憶回路にインプットする余裕がなかったに違いない。

こうして何とか無事に物件を購入して、部屋の改装に取りかかるまでにこぎつけた。あとは得意分野のインテリアだから楽勝と思っていたら、そのデザインをもとに内装業者に発注すると、「見積もりを出しますので……云々《うんぬん》」と言う。えっ、何？　金額の交渉は慣れてきたが、見積書という存在は知らなかったし、見るのも初めて。事務所を作ることを思いついた時、こんなにも初めてのことばかり体験するとは夢にも思っていなかった。それに自分がこんなにも〝世間知らず〟だということも知らなかった。

この時、私は三十四歳で、いっぱしに仕事をしているつもりだったし、社会のこともわかっているつもりでいた。でも、それは自分が仕事をしている業界内の狭い社会だったのだ。いや、それだって知っているのは一部だけ。ましてや社会は業界だけで成り立っているわけもなく、ホントに世間知らずとは私のような人のことを指すのだろう。

事務所の所在地が決まったところで、内装工事と並行して事務所オープンに向けて具体的な作業も進めた。会社名を決めて法務局に届けを出したが、これも初めてのことであり実際に取った行動は、もちろん（！）まったくもって覚えていない。でも会社名のロゴのデザインや色決め、名刺や封筒、便箋のデザイン、事務所設立のお知らせのハガキの文章やデザインなども初めてだったが、これらは好きな分野なせいか仔細まで覚えている。そして家具や事務用品なども購入して、オープン日の四月二十日がだんだん近づいてきた。

交渉する時は〝明るく軽やか〟なほうがうまくいく

まったく新しいことを始めると、まったく予想もつかないことが起きるということを、オープンするまでにどれくらい体験しただろう。最初はいちいちビックリしたり動揺したりしていたが、慣れてきたらだんだん「今度は何かな」と余裕を持って受け止められるようになってきた。〝自分が知らないことは、たくさんある〟と自覚したことが幸いしたのだろう。

最後の予想外は、電話工事だった。依頼するのが遅れたため、指定日には間に合わないと言われたのだ。えー、そんなこと言われてもハガキにはオープン日を刷っているし、その日に電話が通じないなんて幸先が悪すぎる。そうかと言って、オープンの日をずらすことはできないし、困ったなーと泣きたい気持ちになった瞬間、「そうだ、そうだ」と、それまでの設立騒動で身につけた交渉のコツを思い出した。

それは、どんな時でも暗く重い感じで交渉してはダメということ。明るく軽やかに交渉したほうが人は耳を貸してくれるし、ＯＫが出やすいということだ。重く必死すぎるとＮＧの答えが返ってくる確率が高くなる。でも、例えば「えー、そんなこと言わないでお願いします！」などと明るく軽やかに頼んだほうが、ＯＫが出やすくなるのだ。これは両親に頭金のお願いの電話をした時、商工会議所や銀行と融資の交渉をした時、不動産屋さんや内装業者と値段交渉をした時などで共通した相手の反応だったのだ（このことは何故か、よく覚えている）。たとえ、同じ言葉を使ったとしても言い方や声のトーンを変えると、相手の受け答えも変わるということを私は学んだのである。

もちろん装っているだけではダメだし、明るさを通り越して調子良く見えるのもダメ。例えば、「お金を貸してくれたら、こんな風にできるし、こういうこともしたい！」など、自分自身が本気で思っていることを口にしなければならない。そうすると、そうした明るい展望に自分自身がウキウキしてきて、自然に顔も声も明るくはずむような調子になるし、その前向きな明るい態度に相手は可能性を感じて、そこにお金を払う価値があると判断するようなのだ。相手がプロの場合は特に演技や口先だけで言っても、そんなのはすぐにばれてしまう。でもプロだからこそ数字だけでなく、確かさと明るさと可能性も重視すると思うのだが、どうだろうか。ちなみに私の母は、〝明るい可能性〟のみに反応してくれたということになるだろう。

そうそう電話局の件は母への対応と同じように、明るく「そこを何とか」と頼んでみたら何とかギリギリ間に合わせてくれた。それで、私はこの持論が正しいことを確信したというわけである。

社会に関わっていろんな考え方を知る

こんな風に自分の要望を通すために、言い方を意識したのも初めてのことだった。それまでは人に何か頼む時でも、そこまであまり深く考えたことはなかったし、聞き入れてくれるかどうかは、その人次第だと思っていた。でも、それは自分本位なことだったと今にして思う。人に納得してもらうには、まず相手の身になって言わなければいけなかったのだ。押しつけたり威圧したりするのは論外だが、かといってただ真剣に正直に頼めばいいというわけでもない。それは自分を押しつけていることと同じだし、ましてやそれが重く暗い口調だとしたら、相手はすごく負担を感じるし二の足を踏むに違いない。

でも、それが楽しそうだったり明るい展望を感じたりしたら、頼まれたほうだって楽しくなったりウキウキするだろうし、負担もそんなには感じないだろう。そんな風に相手の身になって言葉を発すると結局、それは自分の〝実〟となって返ってくるということなのである。

自分のそうした話に相手がワクワクして聞いてくれているかどうかを知る簡単な方法がある。相手はあなたの話を前のめりになって聞いているだろうか。あるいは、後ろに重心を置いてあなたから離れるようにして聞いているだろうか。その態度に、答えは出ていると思う。

こうして、それまで狭い社会しか知らなかった私は事務所を作る過程で、いろいろな社会と関わる体験をした。そして社会と関わるということは、つまり、いろいろな人と関わるということであり、人にはそれぞれの立場があり、いろいろな考えがあるということを知ることに他ならない。そして大人になるというのは広い社会を知り、いろいろな社会に自分を合わせられるような幅の広い人になるということに他ならない――。

事務所設立をきっかけに私は、このように考えられるようになったのだが、それを自覚した時に自分が「少しは大人になったかも」と思ったというわけである。

11

美は〝自分らしい結婚〟に宿る

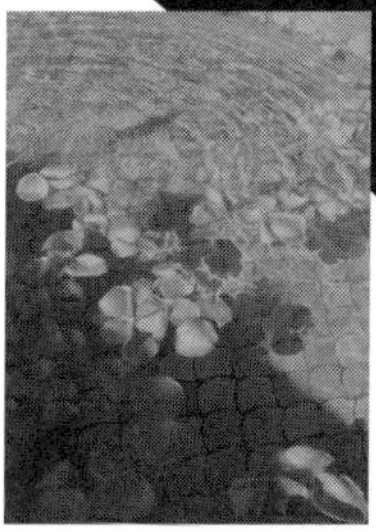

「五十歳の結婚」に驚かれたことに驚いた

私は五十歳で結婚した。それを知った時の周りの人たちの予期せぬ反応は、私にとって一つの事件であり、ある意味、結婚ということを深く考える出来事となった。

特に結婚したことを公表したわけではない。どこからともなく伝わり広まったのだろう。数誌からそれについての取材依頼があったり、女性週刊誌の記者に自宅前で待ち伏せされたりした。

自分では「えー、なんで私の結婚に皆、こんなに反応するんだろう⁉」と不思議に思った。が、話を聞いているうちに、あるキーワードが浮き彫りになった。それは〝五十歳〟という年齢だった。どうやら私の結婚は未婚の女性たちに〝五十歳でも結婚できるんだ！〟と、勇気と希望を与えたらしいのだ。

でも、それを知った私は逆に驚いた。何故なら〝五十歳でも〟ということは、〝五十歳では結婚するのは難しい〟ということを指しているのだから。それが世間では普通の考え方だということを知って驚いたのである。

私はそれまで五十歳であろうと、もっと上の年齢であろうと結婚できないとは思っていなかった。いつでも「したい」と思った時に結婚はできるものだと思っていた。特に自分に自信があったわけでも、結婚を前提にお付き合いをしていた相手がいたわけでもない。漠然と、そう思っていただけ。というよりも、「結婚したい」と思うこともなく四十八歳まで過ごしてきたと言ったほうが的確だろう。

「四十八歳まで」というのは、この歳の誕生日を迎えた時に「そろそろ、日常を楽しんでもいい頃かな」という思いがフッと浮かび、初めて結婚願望が芽生えたからだ。ヘア・メイクという仕事に就いてからそれまで、人生の中心は仕事だった。それが一番面白いことだったし、一番興味のあることだった。いや、正確に言うと、二十代の頃の一番の興味は恋愛だったろうか。そして、その当時、世間では二十代で結婚するのが普通だと考えられていたし、自分も「そういうものかな」と漠然と思っていた。親からも「良い人はいないの？」と顔を見るたびに言われていた。

でも二十代後半にお付き合いをしていた人とお別れした時、淋しさと同時に「当分、結婚はしなくてもいいや！」とスッキリした気持ちにもなった。その時の相手が云々ということではない。世間に合わせて結婚する必要はない、と踏ん切りがついたのだ。取りあえず今は自由のほうがいいし、仕事が面白いし、と。それに何よりも自分は結婚に対して特に興味を持っていなかったことを、その時にハッキリと悟ったのである。

結婚に対する思いは人それぞれだ。早く結婚して早く子供が欲しいと望んでいる人もいるし、三十代くらいで結婚したい、或いは結婚よりも子供が欲しいと思っている人もいる。そして私のように今ではなく、いつかできればいいやと思っている人。このような人も案外、多いのではないだろうか。それでも私が結婚した時の周りの皆の反応を窺《うかが》うと、その〝いつか〟は〝五十歳〟ではないということがわかった。もっと早い、〝いつか〟のようである。

二十代の頃は自分が、いつか四十代になるなんて想像もできなかった。三十代の時も自分が五十代になるなんて信じられなかった。〝いつか〟はいつだって先のことだし、今、この瞬間の現実としては捉えられないことなのだ。それと同じように「〝いつか〟と思っている結婚が、まさか五十代ではないはず。でも、その時は刻々と近づいている。皆が普通のようにしている結婚を、まさか自分ができないはずはない……」。五十歳での私の結婚に関心を示し、そして安堵《あんど》した多くの女性の胸の内はこのようなことだったのではないだろうか。

四十八歳の時に結婚願望が湧いてきた

さて、話を四十八歳の誕生日に〝日常を楽しむ〟という案が浮かんだ時に戻そう。そのためには〝結婚すればいいんだ。そうだ、一緒に人生を楽しめる人がいい！〟と閃いた。とはいえ、その頃はまだ〝婚活ブーム〟は起きていなかったし、そのために何か特別な行動を起こすという案さえ思い浮かばずに、それまでと変わらない仕事中心の日々を過ごしていた。でも以前だったら、ステディな関係ではない男性とは食事にも行かなかった自分が、取りあえず〝お友達から〟という軽いノリで出かけるようになった。目標ができると、行動も自然と変わるということなのだろう。

そして、この歳の後半に知り合ったのが今の夫であり、お付き合いしていくうちに「この人となら、一緒に人生を楽しめるかも」と思ったのが結婚に至った理由である。もちろん条件に当てはまる人ということで、お付き合いを始めたわけではない。お付き合いを深めていくうちに、四十八歳の誕生日に浮かんだ条件と合致していることが後でわかったというだけである。

ところで最近、聞いた話によると、婚活で一週間のうちに何人もの人と会うのだが、誰がいいのか決められないという人が増えているらしい。それはもっともな話だ。たとえが悪いが、何の考えもなく手当たり次第に買った服を数多く持っていると、却《かえ》って「着る服がない」「何を着たらいいのかわからない」という現象が起きる。でも、数は少なくとも吟味して買った服がワードローブを占めているならば、そうした現象は起こらない。それと同じように数多くの人と会っているだけで、交際を深めないのであれば、「この人！」と決められないのは当然の現象なのだ。もちろん、「一目でピンときた！」という出会いを求めているなら話は別なのだが。

結婚は自分が送りたい人生のイメージが定まってから

それにしても考えてみると不思議なものだ。「こういう人と結婚したいなー」と思ったら、その願望に合った人が現れ、そして結婚できたのだから。よく「思いは形になる」ということを聞くが、本当にそういうものかもしれない。

ということは、今、婚活をしていてもなかなか「この人!」という人と出会えないと嘆いている人は、前記のように多くの人と会いすぎているせいで誰がいいのかわからなくなっているか、本当はまだ結婚したくないのか、或いは、条件を間違えているということではないだろうか。

それは本当に自分が願っている条件だろうか。ただ世間や親が言っていることを鵜呑《うの》みにしているだけではないだろうか。理屈で「結婚するならこういう人のほうがいいはず」と考えてはいないだろうか。或いは、なんとなく〝優しい人がいい〟と思っているだけではないだろうか。

結婚して自分はどんな人生を送りたいのか。それには、どんな人が良いのか――。この順番で考えることが大事なのではないだろうか。何故なら結婚は最終目的ではないし、それは多かれ少なかれ今までとは違う人生に足を踏み出す出発点であることに他ならない。それに自分一人なら人生の操縦はしやすいが、血の繋がっていない二人の人間が一つの船に乗るのだから、いくら愛情があっても操縦は大変になる。その時に、まったく違う考えの船頭が二人いたら、船は真っ二つになるだろう。或いは、どっちかが強引に引っ張られて嫌々したがうことになるかもしれない。

だからこそ相手に条件を求めるよりも先に、自分はどうしたいのかを知ることが大切だと思うのだ。つまり条件というのは相手に突きつけるものではなく、自分自身に向けて、そして自分の気持ちを確認するためにするものだと思うのだ。とはいえ私は何も、そんなに大袈裟なことを言っているのではない。何しろ、私の条件は「一緒に楽しめる人」というものなのだから。でも後に考えた時、この言葉の中には自分なりにいろいろなことが含まれていることがわかった。

まず、私は「俺は男だ！　ついて来い！」というようなタイプの人は好きではない。「では、どうぞ、お一人で行ってください」と思ってしまう。それに帰ってきたら「メシ、風呂」しか言わない人もイヤ。そのような人を実際には知らないが、結婚したらそんな風に変わったという話も耳にしたことがあるので、それもイヤだな、と。

よく離婚の原因に性格の不一致という理由が挙げられるが、例えば私が恋愛している時に前記のような人を勘違いして「男らしくて素敵～」と思って結婚したとしたらどうなるだろう。恋愛という夢から覚めた時には「しまった！実は、私はこういう人は好きじゃなかったし、こんな結婚生活はイヤ！」と思うに違いない。そうしたことが性格の不一致ということに繋がるのだろう。この場合、相手が悪いのではなく、単に自分が間違えたということである。

私の「一緒に楽しめる人」というのは、凄く単純なこと。例えば私は夫と料理を一緒に作ったりご飯を食べに行ったり、パーティに出かけたり、一緒に畑作業をしたり買い物に行ったりなど、仕事以外の日常の大半を一緒に行動しているのだが、それが「一緒に楽しむ」ということであり、夫となった人もまたそうしたことを私と同じように楽しむ人なのだ。

そして一緒に楽しむには、センスが似ていることも大事。例えば、スパゲティをお箸で食べたりラーメンのようにすすって食べたりする人とは合わないだろうし、洋服の好みやインテリアの好みが極端に違う人とも難しいだろう。「そんなこと気にするほどのことでもないんじゃない？」と思う人もいるかもしれないが、「これだけはイヤ！」と人が気にする観点は千差万別。そうした小さなことこそが結婚した後に、大きな問題となるのではないだろうか。

このように書くと、「何だか、藤原さんの要求は厳しそう」と思われてしまうかもしれないが、とんでもない！　よく「恋愛している時は両目を見開いて相手を選び、結婚したら片目をつぶれ」などと言われているが、私は結婚してから両目をつぶっている（たぶん、夫もだと思うのだが）。それくらいでちょうどいいのが結婚だと悟っているのだから。

〝いつか〟の結婚を今、〝現実〟にするために

ところで結婚はタイミングだ、とよく言われるが、私もつくづくと、そう思う。「日常を楽しむ」という結婚に繋がるような気持ちになるまで、私は四十八歳まで待たなければならなかった。それ以前に夫と出会っていても、たぶん、すれ違っていただろう。人の成長期というのは何も子供の時だけではない。大人になって、社会に出るとウーンと成長して変わっていく時期がある。この時期は考え方も思考もドンドン変わっていくし、広がっていく。それが落ち着く頃が、いわゆる結婚のタイミングとなるのではないだろうか。何故なら、人は成長の変化が落ち着くと〝これからは、こんな人生を送りたい〟という生き方の指針が、おぼろげながらも確定してくる。そして、この時期に好きになるのはそうした自分の指針に合う人のような気がする。そして結婚に辿り着くカップルというのは、双方のこうしたタイミングが合った人同士のように思う。また、そんな時期を迎えた時こそが、その人の適齢期というのではないだろうか。

つまり、私の適齢期は四十八歳だったということなのである。

もちろん子供を望む女性の場合は出産のリミットがあるので心の適齢期と少々違ってくるだろうし、若い頃に結婚したカップルは二人で成長と変化をしていって、二人に合った人生を一から二人で築いていくことになるだろう。今回の話は、ある程度自分の世界を築いた年頃の、いわゆる〝大人婚〟の人に向けてのものであることを断っておこう。


さて、最初に私の結婚に希望と勇気をもらったという人たちがいると書いたが、実はその人たちの思いはそれだけではなかった。「藤原さんでも、やっぱり結婚しちゃうんだ〜」と、ガッカリしたと言うのだ。そんな身勝手な感想に少々憤慨したが、気持ちはわからなくもない。

「仕事は充実しているし、結婚しなくても何の不自由もない。むしろ結婚していないからこそ味わえる快適さや自由がある。女性は結婚したら、そうはいかなくなるだろうし……。だったら結婚よりも今の生活のほうがいいわ。藤原さんのような先輩もいることだし、まだ大丈夫よね」と、「安心していたのに、裏切られた」ということなのだろう。

確かに自立している大人の女性にとって、快適さと自由は何ものにも代えがたい魅力だ。でも、物事には必ず裏表がある。快適と自由の裏面は、虚《むな》しさと孤独感だろうか。その、どちらか一方の割合が多いか少ないかだけの違いであり、表面だけ欲しいと思ってもそれは無理なこと。もし虚しさや孤独感のほうが上まわってきたならば、〝いつか〟と思っている結婚に向かって行動する時が来たということかもしれない。

最後に、今回の〝いつか〟を現実にする方法をまとめてみることにしよう。まずは自分の成長期が早く安定するように〝今〟をがんばること。その後に、「こうしたい。こんな人がいい」という願望と結婚相手の条件を一つに絞ること。こんな人生もいいし、こんな伴侶もいいなーなどと欲張っては駄目。そんなことを思っていたら、目の前にピッタリの人が現れても気がつかない率が高くなってしまう。これらのことはむやみに婚活するよりも、よほど結果の出る具体策だと思う。さっ、〝いつか〟の結婚を〝今〟にしよう！

12

美は〝人間関係〟に宿る

一匹オオカミの人付き合いと八方美人は裏表

告白しよう、私は女子的な付き合いが苦手だ。……いや、苦手なほうだと思う。

私の言う〝女子的な付き合い〟とは、例えば頻繁に連絡し合ったり、家を始終往き来したり。あるいは夜中に電話で長々と悩み事の相談をしたり、愚痴を言い合ったり。〝女子会〟もたまにならら楽しいが、頻繁だと面倒くさく感じるタイプなのである。

こうした性分は子供の頃からだ。女の子同士で連れ立ってトイレに行く、いわゆる〝連れション〟を「どうしてトイレに行くのに誰かと一緒に行かなければいけないんだろう」と不思議に思っていた。でも誘われれば気軽に付き合っていたのだから、特に信念があったわけでもなかったのだろう。また、どのグループとも付き合えるが、実は、どのグループにも属したくないと思っているような子供だった。

つまり一匹オオカミ風だけれど、八方美人でもあると言えるだろうか。いやいや、嫌われたくはないが無理に好かれたいとも思っていない。「そうですか、嫌ならいいです〜」とアッサリ引き下がるタイプである。

こういう自分なので、私に対する人の見方も様々なよう。例えば女子的な付き合いを好む人には〝クール〟と思われているようだし、ある私の行動から、〝人情家〟と思っている人もいる。いずれにしろ自分がクールな面も人情家な面もあることは承知している。というか、人にはいろいろな面があるのは当たり前のこと。そして、それが沢山あるほど人の魅力は増すものだと思っている。

ヘア・メイクという仕事は、女性が持っている内面の魅力をメイクやヘアで外側に表すことであり、様々な魅力を引き出すこと。ある時はフェミニンに、ある時はクールに。あるいはキュートにとかマニッシュになど、テクニックとセンスを総動員して女性のいろいろな魅力を作るわけだが、でもそれは相手に、そうした内面的な要素があればこそ。いくらヘア・メイクで表現しようとも、ないものは引き出すことはできない。

とは言え、違うヘア・メイクアップアーティストが担当すると、まったく違う魅力が引き出されて「へぇー、この人にこんな女っぽい面もあったのか！」と驚くこともある。これは自分がその魅力に気づかなかったということであり、人の魅力というのは相手次第でどうにでも変わるという事実を示している。つまり、人にはいろいろな面があり、相手がどの面を見るかによって自分の人物像も変わるということである。

ある人を指して、「あの人は、こういう人よね」と評したとしても、別の人は異なる見解を持つことは多々ある。現に、私も人によってクールな人になったり人情家になったり、あるいはオチャメな人や天然な人にも。これは何も私だけではないはず。十人の人に「私って、どういう人？」と聞いてみて欲しい。少なくとも三人くらいは違う自分が出てくるのではないだろうか。

何故ならヘア・メイクの話と同じように、相手が自分のどの面にフォーカスを当てるかは人によって異なるからだ。そして、もう一つ。相手の言動によって、出てくる自分の面が変わることもあるからだ。

例えば「何故か、あの人といるとイライラしてくる」とか、「あの人と話していると素直になれる」といったことはないだろうか。つまり自分の意思や思惑とは関係なく、相手次第で自分の嫌な面が出ることも良い面が出ることもあるということだ。

そんな風に相手の言動に反応してイライラしたのに、当の本人はあなたを「怒りっぽい人」と判断するかもしれない。または「素直な人」と思うかもしれない。つまり相手に触発されて引き出された自分が、その人にとっては〝あなた〟という人物像になるということだ。他にも人によってではなく、その時の自分の状況によって違う自分の面が出るということも多々あるだろう。

相手の良い面、悪い面を引き出すのは自分自身

さて、ここでちょっと思い浮かべてみて欲しい。あなたの周りにはどんな人が多いだろうか。嫌な人が多いだろうか、それとも良い人が多いだろうか。

私の言いたいことは察しがついたと思うが、「嫌な人が多い」のは、もしかしたら自分が相手のそうした面を引き出しているかもしれないということだ。あるいは「良い人が多い」なら、自分が相手のそうした面を引き出してあげているのかもしれない。つまり自分自身が相手の良い面や悪い面を引き出してい

る可能性があるということである。

私の友達に、会うと必ず私の良いところを見つけて褒めてくれる人がいる。もちろん単に上《うわ》っ面《つら》で言っているのではないことはハッキリとわかる。人は人が心にもないことを言っているのは案外、簡単に見破るものだ。そして本心から言ってくれているのが伝わってくるからこそ素直に嬉しいし、彼女といると幸せな気分にもなる。それは何も私に対してだけではなく、それが周りの人に対する彼女の接し方なのだ。これは彼女には人の良い面を見つける才能があるということであり、彼女にも同じ面があるからこそ気づけるということ。まったくなければ人は気づきたくても、気づけないものなのだから。

例えばある悲しみを経験した人は、同じ思いをしている人の悲しみを同じように理解することができる。そうした経験がなければ、どんなに想像しても同じようなレベルで理解することはできない。これは良い悪いといったことではなく、単に経験がなければ想像がしにくいというだけのことである。

　このようなことを私は二十代のどこかで気づいた。それゆえ、私はいろいろな面がある人になりたいと思った。いろいろな面を持っていればいるほど、いろいろな思いに同調できるし深く味わうことができる。悲しみだけでなく、嬉しさもどれだけ嬉しいのか、どんな種類の嬉しさがあるのか。大変さもどんな大変さがあって、どれだけ大変なのか。それがわかれば、どれだけ人生は深くなるのだろう、と。とは言え、悲しみや大変さはあまり体験したくないことではあるのだが。

　そうそう、誤解されたくないので伝えておくが、気づいてから三十年以上経った今もって、人の思いを深く広く汲《く》み取れるような人間にはなれていないということは明言しておこう。

ＳＮＳに費やす時間は現実のことに使いたい

それにしても今、こうして書いていてボンヤリとだがわかったことがある。前記のような二十代で気づいた芽は子供の頃からあったということだ。だから私はどのグループと付き合っていても、どこにも属したくないと思っていたのだろう。極端な話、どこかに属することは他を排除したり否定したりすることにも繋がる。自分が属している宗教や国や会社や街や地域や友達グループが、他よりも良いことを望むのは人として普通のこと。でも、自分たちよりも他のほうだけが良い場合、それはやっかみや争いの火種になったりする。しかし、もし皆が全てに属していたら（そんなことはできるわけないが）、全て自分の喜びとなるので争いは起きないだろう。さらに逆に言うと、どこにも属していなければ、これまた争いは起きないし、どんな喜びも自分次第ということになる——。

何だか話がややこしくなってしまったが、要は何かに属して人と繋がることは必ずしも良いことばかりではなく、属していない良さもあるということを伝えたかっただけである。

今、フェイスブックやツイッター、ライン（以降、まとめてSNSと言うことにする）などを使って、皆で繋がって共有することに喜びを感じる人が多いそうだ。「そうだ」と他人事《ひとごと》なのは、私はそうした類いのことは何もしていないから。特別な理由があるわけではない。面倒そうだし、それに費やす時間があったら現実的にしなければいけないことに時間を割きたいと思っているからだ。

時々、カップルや友達同士で会っているのに会話もしないで互いにスマホをいじっている人たちを見かけることがある。先日は四、五人の二十代の男の人たち全員がそれぞれ無言でスマホをいじっているのを見た。たぶんSNSをしているのだろう。それが私には不思議なのだ。目の前の人よりも、スマホの向こうにいる人たちと繋がることのほうが大事なのだろうか。それなら、どうしてわざわざ会っているのだろう。このカップルは喧嘩《けんか》でもしているのだろうか。それとも倦怠期《けんたいき》なのだろうかと想像を巡らすのだが、SNSをしていない私には今一つ、その心理を把握することはできない。

でも一つ、私がハッキリと想像できるのは「見ると、もっと見たくなる」「知ると、もっと知りたくなる」という人間の「もっと、もっと」という本能をSNSは触発するということだ。そして熱中すればするほど、「もっと、もっと」という欲は高まるということだ。

これは人間の本能だから、誰にも多かれ少なかれあること。もちろん私にもある。だから、そうした状況にはまらないように意識的に避けるようにしているのである。

例えば友達関係において、私は相手の嫌な面しか見えてこなくなった時には（こういう場合は相手も同じように思っているものだが）、〝嫌いになりたくないので距離を置く〟という方法を取ることがある。二度と友達付き合いができなくなるような事態を回避するためだ。もちろん何もせずに距離を置くのではなく、努力をしても駄目そうだと感じた場合に一旦、付き合いを止めるということである。

時には距離を置くことも大事

若い知人に女友達とのことで相談された時のこと。彼女の友達があることにはまり、自分にも勧めてきたそうだ。それをはっきりと断ったにもかかわらず、何度も勧誘してきたので、とうとう彼女は「友達だと思うなら誘わないで」と怒ったところ、逆に「どうして友達だと思うなら入会しないの」と言われたとのこと。それで彼女はもう話をするのは無駄だと察して距離を置くことにしたらしい。果たして、それで良かったのか。あるいは、目を覚まさせるために説得したほうが良かったのだろうかと相談された。もちろん生死に関わることなら必死に止めなければいけないが、そうした類いのことではなかったので、私は「一旦、友達付き合いを止めるのは最善策だと思う。のめり込んでいる今の彼女に何を言っても無駄だし、よけいに亀裂が入るだけ。彼女が我に返った時に隣にいてあげればいいんじゃないかしら」というようなことを話した。

上手に距離を置いて決定的な亀裂を避けることができれば、いつかまた二人の人生が交差する時に良い関係で付き合えるようになるだろう。もちろん二度と会わなくても良い相手なら、距離は置かずにサヨナラをすればいいだけのことなのだが。

それにしても長く付き合っている私の友達は皆、〝類は友を呼ぶ〟という言葉通りに自分と似たような人が多い。しょっちゅう会うわけでもなく、また、会えなくても「きっと忙しいんだろうな」と思うだけだし、「便りがないのは、元気な証拠」と思うようなタイプなのだ。そして何年会っていなくても、会った時は昨日も会っていたかのように話をすることができる。〝人にはそれぞれの人生がある〟ということを感覚的に知っている人、程よい距離感を大事にする人、そういう相手同士だから長く付き合っていけているのだろう。あるいは「いつも誰かと一緒は嫌。独りの時間も欲しい！」と思っている我がまま同士と言えるかもしれないのだが。

いつも繋がっていなくても友達

このような話をすると、もしかしたら若い読者の中には「いつも側《そば》にいる人を友達と言うんじゃないの？」と思う人もいるかもしれない。もちろん、そうした友達関係もあるだろう。ただ、私の場合は会っていても会っていなくても、それに関係なく友達関係でいられるというだけである。それに無理に繋がろうとしなくても、自然に任せて繋がっていられることが私にとっては居心地がいい。

それにしても私も、いつも人の良い面を引き出せるようになって、少しでも人の幸せに貢献できる人になりたいものだ。いっそのこと、法律で「そうした人を目指しなさい」と義務づけてくれはしないだろうか、などとテレビで〝S

NSによるイジメで自殺〟というニュースを見るたびに夢みたいなことを考えてしまう。現実的にはSNSが日常的になった今、意識的に他人のネガティブな言動を見ないようにするということも自分が幸せでいるための一つの具体策と言えるのではないだろうか。そして繋がらないことを恐れないこと。そのほうが自分とも人とも真に繋がれる――。若い人にはこのような考え方もあるということを知っておいて欲しいと思う。

13

美は〝豊かなお金の使い方〟に宿る

お金のことを考えないわけにはいかない

人気ブロガーが書いた本に興味が湧いて二冊の本を購入した。一冊はファッションを中心にしてブログを書いているmuccoさんの著書『ケチケチ贅沢主義』（プレジデント社）。もう一冊は新しい働き方を提案している、ちきりんさんの『未来の働き方を考えよう』（文藝春秋）だ。この二冊の本を読んでとても納得したことがある。

それは偶然にも、どちらの本にも「お金の使い方」についての章があり、周りに左右されずに自分の生き方に合ったお金の使い方をしようといった内容のことが書かれていたこと。そして、どんなに収入があっても支出が増えれば結局はお金に縛られてしまい、自由な生き方ができなくなる、お金から自由になるためにも今一度、お金の使い方を見直して、自分なりの豊かな生き方をしようというようなことが書かれていた。これを当たり前と思う人もいるかもしれないが、私は読んだあと「そうだよね！」と、それまで何となく心の隅でボンヤリと漂っていた霧を掻《か》き消してもらったかのように気持ちがスッキリとしたのだ。

豊かで自由な人生のために、支出を見直す――。バブル経済がはじけるまでは「豊かな人生のためにお金を稼ぐ」というのが世の中の常識だったと思う。そして、どれくらい消費できるかが豊かさのバロメーターであり、そうした生活のためには仕事漬けの日々でも当然、と日本中の人々は考えていたと思う。

でもバブルがはじけてから、或いはリーマン・ショックが起きてから皆の経済やお金に対する意識も価値観も少しずつ変わっていった。いや、変わらざるをえなかったというほうが正しいだろう。そして東日本大震災が多くの人の意識を一気に変えた。消費し続けなければ経済が廻《まわ》っていかない今の世の中は何かがおかしい。それではケージの中の回し車をひた走るハムスターと同じではないか。人生で大事なことは消費することではない。人の思いはなくならないが、形あるものは、いつかなくなる……。地震が起きた当初、多くの人の消費行動が一気に失せたのは、そうした感情が芽生えたことも一因としてあったのではなかろうか。

このような事柄が人々のお金や経済や生き方に対する意識を変化させ、先の二人のブロガーのように、それをハッキリと言葉と行動に表す人たちが現れてきた。また多くの人も同じように考えているからこそ、二人のブログが多くの人に支持されているということなのだ。そして私は二人の本に出会ったことで少しずつ変化していた自分にとっての豊かさや、今、自分が求めている人生というものをハッキリと認識することができたのである。

お金を意識的に使うと自分の輪郭がはっきりする

実は二年前から自宅の近くに畑を借りて野菜作りをしている。そのきっかけは生の野菜の酵素を積極的に摂るローフードという食事法にはまり、どうせなら自分で野菜を作ってみよう。そのほうが採れたての美味しい野菜を食べられるし、栄養価も高いと思い立ったからだ。さらに「酵素って何？　どんな効果があるの？　食べ物ってどんな風に消化吸収されて、どんな風に心身に影響を及ぼすの？　それを系統立てて学びたい！」という興味が湧いて、最新のホリスティック栄養学をスクーリング形式で学べる学校に入学した。そして一年後、無事に卒業して栄養コンサルタントの資格を得ることができた。

このように栄養学を学ぶきっかけはローフードと出会ったからだと思ってい

たが、実はそもそもはその前年の地震の体験が根底にあったのだと今、気がついた。たとえお金があってもものがなければ、それを得ることはできない。そして生きていく上で最低限必要であり最も大事なのはファッションでもメイクでももちろんなく、食べることだという現実を目の当《ま》たりにした。それをただ消費するだけでなく自分でも作れる人になりたい……。そんな思いが芽生えていたことが野菜作りと栄養学を学ぶという行動に結びついたのだ。

私が二人の本にすごく反応したのには、このような経緯があったからなのだ。……いや、違う。本当はもっともっと遡《さかのぼ》る。それは仕事を始めて自分で収入を得るようになった若い頃だ。私はいつも月末になると「あれー、もうお金がない。何に使ったんだろう?」という状況になるような計画性のないお金の使い方をする人だった。とりわけ好きな赤ワインや話題のレストランや美味しい食べ物、泊まってみたい旅館等々、形に残らない〝経験〟にばかりお金を使っていたから余計、「何に？」ということになっていたのだろう。

でも言い訳するわけではないが、若い時にこうした経験にお金を使ったことは今の自分の土壌になっていると確信しているので間違いではなかったと思っている。問題はお金を計画的に意識的に使えないということだ。もし同じことをするにしてもキチンと計画を立てて意識的にお金を使っていたら、喜びも満足度も全然違ったのではないだろうか。より深く味わうことができたのではないだろうか。

それにお金を意識的に使うということは必然的に、あらゆることが明確になるということだ。例えば自分は何が欲しいのか、何をしたいのか。何を大事にしているのか。自分が本当に好きなことは何かなどを考えざるをえなくなる。本来、お金というのはそんな風に自分の夢を叶えるために存在するものなのだ。今日の夢の実現のために、長くは自分の進みたい人生を歩むために。

メリハリのあるお金の使い方とは生き方の明確さ

そういえば、意識的にお金を使うという意識がなかった頃は「外国人って、特にフランス人ってケチじゃない？」などと話すこともあった。でも今だからわかるが、それはケチというよりも自分の価値観がハッキリとしているから。特にフランス人は普段の食事や生活を質素にして、長い夏のバカンスのために倹約する、或いはアーリーリタイアメントを夢見て若い時から貯蓄するという人が多いらしい。このように自分の大事なことや夢のために、お金の使い方がハッキリしているということなのだ。

ニューヨークに仕事で行った時、現地に住んでいる日本人のコーディネイターから聞いて驚いた話がある。それは「あそこに一見、ホームレスのように見えるご老人がいるでしょ？　でも、そんな格好をしている人が案外、億万長者だったりするのよね。格好では判別できないのがニューヨークなの」と。日本でもそのようなことを聞いたことがある。真の大金持ちは自分がコレと思ったことには億という単位でも躊躇せずに出すが、そうでないことには千円単位でもシビアだ、と。つまり大金持ちはお金に対する価値観と自分の〝これをしたい〟〝これが欲しい〟という意識がとてもハッキリしていて、お金の使い方にメリハリがあるということなのだ。そう考えると、メリハリのあるお金の使い方と生き方の明確さは同じ延長線上にあると言えるのではないだろうか。世間や誰かの価値観ではなく、自分の価値観でお金を使い、自分の価値観で人生を生きるということである。

夢がハッキリしたら、お金の使い方が変わってきた

ところで、私にはいつか、こんな自分になれたらいいなという夢があるということは何度か書いたが、それは「海の側に住んで、日の出と共に起きて日の入りと共に寝るというシンプルで自然な生活を丁寧に、そして満足して暮らせる人になること」というもの。これは四十歳の頃から思うようになった夢だ。

「そのためには〝これをしてみたい〟と思うことがあったら、すぐに行動するようにしています。そうすればシンプルな生活をするようになった時に〝あれもこれも、やっておけばよかった〟という後悔はしないと思いますから」などと、講演の仕事で「藤原さんの夢は？」と聞かれる度に答えていた。でも、その当時は〝シンプルな生活〟は具体性のない〝いつか〟の夢だった。それが、

いつの間にか早寝早起きが日常的なこととなり、海の近くに別荘を持ったので、いつかは海の側に住んでみたいという夢も叶っている（週末だけだが）。そうだ！　その頃から自分が口にするものは自分で作れるようになりたいと思っていたんだっけ。つまり、その頃に描いていた夢が今着々と具現化しつつあるということだ……！

それに改めて自分のお金の使い方を見直してみたら、数年前とはいつの間にか変わっていることに気がついた。食費や光熱費、家賃といった生活費の他に大きな支出は週末の家にかかる費用、畑や庭にかかる費用、学校の授業料（既に卒業したが）、他にはピラティスや整体、美容代といったところだろうか。以前の支出の半分くらいを占めていた外食費（飲み代を含む）と被服費はうーんと減った。それは早く寝る習慣がついたのでおうちご飯が大半を占めるようになったこと、ものを増やしたくないので衣服は必要なものを絞り込んで購入するという習慣がついたことが大きいだろう。整体やピラティスなど身体にかける費用は「生まれた頃の歪みのない身体を味わってみたい！」という長年の夢の実現のためには必要な経費であり、美容代は職業柄の必要経費であり、これらは私にとっては削れない費用。

つまり今の私は削れない事柄と海の家や畑や庭など、自分の望む生活のためにはお金を使うけれど、そうでないことに対しては出費を抑えるというメリハリのきいたお金の使い方ができている（！）ということだ。いつの間に、こんな理知的なお金の使い方ができる自分になったんだろうと驚くほどである。

たぶん夢を現実に少しずつ取り込み始めた頃からだろう。それによって自分の価値観が絞り込まれてシンプルになってきた。そのお陰で以前のような〝あれもこれも〟という欲がなくなってきた。もちろん「何にお金を使ったんだっけ？」ということもなくなってきた。つまり夢を現実化していくことで人生に求めるものが明確になり、そしてシンプルになった。それが、お金の使い方を変えたということだ。人生という時間もお金も無意識に使うか、意識的に使うかで人生は大きく変わるものだと今にしてつくづくと思う。

「豊かな人生」は自分の価値観で決まる

ある撮影で、三十代前半のカメラマンとスタイリストと一緒に仕事をした時のこと。会話の流れで「今の若い人はどんな生活をしているのか」という話になり、「僕の周りは似たような仕事をしている人が多いけれど、皆、東京にしがみついていないんですね」ということを聞いた。普段は東京に住んで仕事をなるべくまとめてこなして、それ以外は田舎に安い畑付きの家を借りて野菜作りや、味噌や梅干しも自分たちで作るような生活をしていると言う。「へぇー」

と感心している私の横で、スタイリストの彼女も「私もそうだし、友達も似たような生活をしている人が多いかな」と言うではないか。若いのにちゃんと地に足が着いた生き方をしているなんて凄いし偉い！　と感心をしながらも、若い人の生活形態の変化には心底、驚いた。

以前はカメラマンやスタイリスト、ヘア・メイクといった職種は会社員のように毎日通勤する必要はないが、スタジオでの撮影の仕事が多いことや流行を肌で感じるためにも、東京や大きな地方都市に住むのは当たり前と考えられていた。でも今はパソコンで世界中の情報も流行もいち早く知ることができるし、打ち合わせをするためにいちいち足を運ばなくてもメールで済ませられることが増えた。知人の中には海外のスタッフと定期的にインターネット会議をしている人もいる。パソコンの普及と進化が人々の考え方と行動を自由に、そして広げたということだ。

または、雇用や給与の減少、先行きの見えない閉塞感が漂っている今の日本の経済状況が若い人の考え方や生き方に大きく影響して、先ほどのような地に足の着いた生き方に結びついているのかもしれない。もちろん皆がそうではなく、後先を考えずに「今が楽しければいい」という暮らしをしている若い人もいるだろう。でもそうした若者は、いつの時代にもいる。何故なら本来、地に足が着くには自分の価値観や生き方がハッキリとしなければできないことであり、それを知るには時間がかかるのが普通（私のように）なのだから。

でも、今の社会には若者がゆっくりと地に足が着くのを待っている余裕はない。それを不満に思って生きていくのも、「それならば」と自由で新しい価値観で生きていくのも自分次第。つまるところ「豊かな人生」というのは自分の価値観をどこに見いだすか、或いは満足度をどれだけ自分で高められるかに関わっているということであり、どんな時代であろうとそれは自分次第ということとなのだ。

まずは自分の支出を見直してみよう。そこから見えてくることはたくさんあるし、具体的な方法も見えてくるはず。そして若い人こそ、自分ならではのオリジナリティ溢れる「豊かな人生」を目指して欲しい。

あとがき

この本は文芸誌『GINGER L.』（幻冬舎）の連載（2010年12月から2013年12月）に加筆修正したものである。

担当編集者からこの連載を依頼された時、「若い人に生き方を示唆する内容のものを書いて欲しい」という注文を受けた。私が生き方の示唆をするのか……。なんだか、それって〝上から目線〟な気がするし、人に何か言えるほど人間ができているわけでもないのに、私に書けるのだろうか。でも、今までこんな体験をして、こんな風に考えるようになったとか、或いは、こうしたら物事が上手くいったとか失敗したなどと、自分の体験を挙げて生き方の参考にしてもらうことならできるかもしれない……。このように考えて引き受けた連載である。

とはいえ、私の本業はヘア・メイクアップアーティスト。そこで、大きなテーマをどうするかと担当編集者と相談した結果、それにまつわるような事柄にしようということになり「美の宿るところ」というタイトルとなった。

美しさが宿るのはどういうところなのか、どうしたら宿るのか、私の体験を軸にして生き方の示唆をするということになったのである。


私は常々、美と生き方は同一線上にあると思っている。

それは自分の職業に就いてからというもの、美について深く考える機会が常にあったし、いろいろな女性を目の当たりにしたりしているうちに確信したことである。美しさというのは持って生まれたものだけではなく、考え方や行動、暮らし方など生き方によって随分と変わっていくということ。また単に〝女性としての美しさ〟を求めるだけでなく、自分が納得するような生き方を追求していくと確実に女性は美しくなるということ。これは抽象論でも何でもなく具体的なこと、ということを私は今までの自分の体験から確信したのだ。

ところで、この本に書いている私の体験というのは若い時から今に至る四半世紀、いや、子供の頃のことにも触れているので半世紀のことになるだろうか。その時々の過去の自分を思い出しながら毎回、連載の原稿を書いていたのだが、ある時は「そうかー。だから私は、こんな風に考えるようになったんだ！」と気づくことがあったし、またある時は「あの頃は大変だったなー」としみじみとしたりすることもあった。日頃、過ぎ去ったことにあまり興味を持たない私だが、こうして自分の過去を見つめ直すことができたお陰で、今の自分の思考がよりクリアになったように思う。つまり白状すると、若い人に示唆どころか自分自身のために、この連載に向き合っていたと言っていいだろう。

それにしても、この本に収められた内容を書いていたのは4年前から1年前になるのだが、今の自分はほんの少しそこから変化している。とは言っても、違う方向を向いたということではない。その延長線上を少し進んだ、という感じだろうか。今回、加筆修正する作業を進めながら、そのことに気づいた。そして、たとえ微々たるものであってもいつまでも成長しながら歩んでいるような自分でありたい、いろいろな自分なりの〝美の宿るところ〟を発見していきたい、このような想いが強く湧いてきた。人それぞれに宿っている美を光り輝かせるお手伝いができるような人になりたい、という想いも湧いてきている——。

最後に、多くの助言と励ましをくださった連載担当であり、この本の担当でもある竹村優子さん。本当にありがとうございました。そして、この本が皆さんそれぞれの、いろいろな美を宿らせるきっかけになれたら、とても嬉しいし幸せです。

※加筆修正すると伝えたかったことの核心がぶれると判断した部分については、連載当時の気持ちを最優先し、原稿を生かしています。

二〇一四年九月　藤原美智子

初出

本書は、『GINGER L.』2010 年 10 月号（2010 WINTER 01）から 2013 年 12 月号（2013 WINTER 13）までの連載に加筆・修正いたしました。

藤原美智子 Michiko Fujiwara

一九五八年秋田県生まれ。ラ・ドンナ主宰。ヘア・メイクアップアーティストの第一人者として雑誌・広告・ＴＶ等で活躍。『パーフェクトメイク＆ヘアーバイブル』、大人向け・初心者向けのラン BOOK『大人ラン』（以上、講談社）、『生き方名言新書５藤原美智子』（小学館）、『美しい朝で人生を変える』（幻冬舎）、『大人の女は、こうして輝く。』（ＫＫベストセラーズ）など著書も多数。

美の宿るところ

２０１４年10月25日　第１刷発行

著　者　藤原美智子
発行者　見城徹
発行所　株式会社　幻冬舎
〒１５１-００５１
東京都渋谷区千駄ヶ谷４-９-７
電話　０３（５４１１）６２１１（編集）
０３（５４１１）６２２２（営業）
振替　００１２０-８-７６７６４３
印刷・製本所　株式会社　光邦

検印廃止

万一、落丁乱丁のある場合は送料小社負担でお取替致します。小社宛にお送り下さい。本書の一部あるいは全部を無断で複写複製することは、法律で認められた場合を除き、著作権の侵害となります。定価はカバーに表示してあります。

ISBN978-4-344-02664-3　C0095
幻冬舎ホームページアドレス　http://www.gentosha.co.jp/
この本に関するご意見・ご感想をメールでお寄せいただく場合は、comment@gentosha.co.jp まで。